Reprint Publishing

FÜR MENSCHEN, DIE AUF ORIGINALE STEHEN.

www.reprintpublishing.com

Geschlechts-,
Namen- und Wappensagen

DES

Adels deutscher Nation.

Zusammengestellt

von

Dr. J. G. Th. Graesse,

K. SÄCHS. HOFRATH, DIRECTOR DES K. GRÜNEN GEWÖLBES ETC.

Mit 178 Wappen-Abbildungen, gezeichnet von L. Friedrich, in Holz geschnitten von
Prof. H Bürkner.

DRESDEN.

G. Schönfeld's Verlagsbuchhandlung.

1876.

Dem Deutschen Adel

und namentlich

den in diesem Buche erwähnten edeln Geschlechtern

widmet diese Blätter
der Erinnerung an ihre Ahnen

der Verfasser.

Vorwort.

Das Werk, welches ich hiermit der Oeffentlichkeit übergebe, ist ein Versuch, die wenigen Reste von Geschlechts-, Namen- und Wappensagen des deutschen Adels, welche eine nüchterne Kritik noch übrig gelassen hat, zu sammeln. Die älteren Quellenschriftsteller der deutschen Adelsgeschichte haben allerdings mancherlei läppische Märchen ersonnen, um Wappenbilder und Namenbildungen zu erklären; allein deshalb alle derartigen Notizen zu streichen, wie dies die neueren Heraldiker und Genealogen gethan, halte ich für ungerechtfertigt, da ja für die Entstehung einzelner heraldischer Embleme wirkliche historische Documente vorliegen. Bekanntlich haben die Gebrüder Grimm, die Väter der deutschen Sagenforschung, über die Ursachen des Verschwindens vieler wichtigen Sagen dieselbe Ansicht aufgestellt. Auch der gelehrte Heraldiker Bernd hat in seinen „Hauptstücken der Wappenwissenschaft" Bd. II. S. 67 ff. die Beibehaltung und Erforschung alter Familiensagen nach dieser Seite hin empfohlen. Leider ist aber bis jetzt von keinem seiner Collegen dieser Ansicht beigetreten worden, in den neueren Adelslexicis ist geflissentlich alles hierauf Bezügliche weggeblieben, und lediglich zwei Dichter sind es, welche mir auf dieser Bahn vorangingen, v. Gaudy und Hesekiel.*)

---

*) Die Engländer haben ein ähnliches Werk in Prosa von Mark Anthony Lower, „English Surnames" betitelt. (London, 1842.)

Ich habe hier zusammengestellt, was ich bei meinen Studien dieser Art gefunden hatte und bitte die Leser dieses Buches, mir die Mängel und Lücken desselben mit Berücksichtigung der so sehr schwach fliessenden Quellen nachzusehen. Ich kann aber nicht umhin, die einzelnen Glieder des Adels Deutschlands hierdurch aufzufordern, mich durch Mittheilung von hierher gehörigen Familiensagen, von denen mir viele noch unbekannt blieben, in den Stand zu setzen, dieser ersten Sammlung eine zweite vollständigere folgen zu lassen. Dass meine Bitte keine vergebliche sein werde, hoffe ich schon darum, weil ich glaube, es werde jeder Edelmann soviel Pietät für seine Vorfahren haben, um zu wünschen, dass diejenige That, die ihnen den Adel und ihr Wappen gab, auch zukünftigen Geschlechtern bekannt werde.

Noch habe ich zu bemerken, dass einzelne Wappensagen ohne das sie illustrirende Wappen geblieben sind. Der Grund lag darin, dass dieselben in die von mir benutzten und mir zugänglichen Wappenbücher, z. B. das Siebmacher'sche, nicht aufgenommen worden waren. Bei einer hoffentlich bald nöthig werdenden zweiten Auflage meines Buches soll diesem Mangel möglichst abgeholfen werden und bitte ich die betreffenden Geschlechter mich durch Einsendung ihres Wappens darin unterstützen zu wollen.

Dresden, 15. März 1876.

Der Verfasser.

Adelebsen, von.

S. Schambach, Niedersächs. Sagen. S. 15.

Ein adeliges Fräulein Adelheid war Hof-
fräulein der Gemahlin Heinrichs des Vogelstellers und bei dem Kaiser sehr beliebt. Sie
war mit einem Ritter Dietmar verlobt, und
als die Hochzeit bevorstand, versprach ihr der
Kaiser so viel Land als Brautgabe zu schenken,
wie sie in einem Tage umreiten könne. Der
Kaiser verweilte aber auf seiner Burg Grona
bei Göttingen. Adelheid umritt nun in einem Tage ein grosses
Stück Land und gewann dieses so zum Eigenthume. Dietmar
und Adelheid erbauten sich bald nach ihrer Vermählung etwa
eine Stunde von dem heutigen Schlosse eine Burg, welche sie
Adelheidshusen nannten, woraus der Name Adelebsen geworden
ist, der ihrem Geschlechte verblieb. Späterhin, zur Zeit des
schwarzen Todes, ward aber die alte Burg von ihren Bewohnern
verlassen und das heute noch bestehende Schloss gebaut.

Altena und Mark, von.

S. Lucä, Grafensaal. S. 1.

Im Jahre 1000 kamen zwei Brüder aus dem Geschlechte des
Orsini, Günstlinge des Kaisers Otto, mit diesem nach Deutschland.
Dieselben brachten grosse Schätze mit, und weil es ihnen vor-

züglich in Deutschland sehr wohl gefiel, so beschlossen sie, sich
daselbst anzubauen und kauften auf den Rath des Kaisers eine
wüste Strecke Landes und beschlossen, auf einem dort gelegenen,
mit Wald bewachsenen Berge, Wolvesecke genannt, sich ein Schloss
zu bauen. Wie sie aber darüber waren, das Gehölz abzuhauen,
jagten sie ein Haselhuhn auf, das setzte sich dem einen Herrn
in den Schooss, und weil sie dies für ein gutes Anzeichen hielten,
so hiessen sie die Arbeiter wacker Hand anlegen, denn ihre Arbeit werde wohl gerathen. Nun hörte der Graf von Arensberg,
ihr Nachbar, von diesem Bau und meinte, derselbe laufe gegen
sein Interesse; er schickte also hin und liess den Arbeitern sagen,
sie möchten von dem Bau abstehen, weil sie seiner Grenze zu
nahe kämen. Davon benannten nun die Erbauer dem Arensberger
zum Trotz das neuangefangene Schloss Altena, d. h. allzunahe,
und von diesen beiden Brüdern stammten dann die Grafen von
Mark und Altena ab.

Altorf, zu.

S. Lucä, Grafensaal. S. 23.

Heinrich, Graf zu Altorf und Ravensberg, war der Bruder
der Gemahlin Kaiser Ludwigs II. Luitgardis. Einst scherzte er
mit seinem Schwager Kaiser Ludwig II. und bat ihn um soviel
Land, als er mit einem goldenen Wagen bei Tag und Nacht um-
fahren könne. Darüber lachte der Kaiser und versprach ihm die
Gewährung seiner Bitte, wenn der Wagen von feinem Golde
gemacht werden würde. Stracks liess Graf Heinrich einen kleinen
goldenen Wagen verfertigen, den nahm er in seinen Schooss, setzte
sich damit auf einen Rollwagen, unterlegte hin und wieder frische
Pferde und umfuhr in kürzester und bestimmter Zeit ein Stück
des Baierlandes. Mit demselben belehnte ihn der Kaiser und gab
ihm auch den herzoglichen Titel. Von der Zeit an ward er der
Herzog mit dem güldenen Wagen genannt und führte auch einen
goldenen Wagen im Rubinfelde im Wappen.

Alvensleben, von.

Poetisch behandelt von Hesekiel, Wappensagen. S. 1.

Als Karl der Grosse zum Kaiser gekrönt ward, führte Graf Alvo aus dem Herzogthum Braunschweig das kaiserliche Banner. Zum Dank dafür verlieh ihm der Kaiser drei weisse Rosen in's Wappen als Symbol der makellosen Ehre und Sittenreinheit.

Andrassy, von.

Erste Sage.

S. Hormayr, Taschenbuch. 1820. S. 272.

Im Jahre 1000 veranstaltete der Ungarnkönig Stephan bei seiner feierlichen Krönung zu Gran ein prächtiges Turnier. Ein fremder Ritter war in die Schranken getreten und hatte schon manchen Gegner in den Sand geschleudert, als ein vornehmer Magyar, von einem aus Scythien eingewanderten Unterfeldherrn abstammend, Andorás (d. h. András, Andreas) mit Namen, durch den prahlenden Uebermuth des Fremden empört, jenen zum Kampf, jedoch zum ersten Gang auf Leben und Tod, forderte. Mit einem Hiebe seiner Riesenfaust trennte Andreas das Haupt und die rechte Schulter des gepanzerten Gegners im Angesichte der versammelten Menge von dem übrigen Körper. Diese That erwarb ihm den Beinamen Erös (der Starke) und zum Wappen einen gepanzerten Mann zwischen zwei aufrecht stehenden, eine Krone haltenden Löwen, sowie eine ausgezeichnete Stellung in des Königs Kriegsheer. Später verheirathete er sich und ward der Stammvater der Familie der Grafen, Freiherren und Edlen von Andrassy.

Andrassy, von.

Zweite Sage.

S. Illustr. Zeitung. 1868. Nr. 1293.

Die Grafen Andrassy führen als Wappen auf einem blauen
Schilde zwei gegen einander gekehrte Löwen; dem mit einer
Krone bedeckten Helme entsteigt ein rothgekleideter Magyar, mit
der Rechten einen krummen Säbel schwingend. Diese Wappen-
figur bezieht sich auf folgende Sage: Als im Jahre 1100 König
Stephan von Ungarn sich im Dom von Stuhlweissenburg hatte
salben und krönen lassen, trat ein fremder Rittersmann vor ihn
und beklagte sich, dass ihm seine Braut entflohen sei und sich
jetzt im Gefolge der Königin befinde. Der König versprach ihm
auch, er solle sie wieder bekommen, wenn sie seine Braut durch
Herzenswahl, nicht aber durch Zwang sei. Das Fräulein, Elsbeth
von Elmenau, aber sagte, sie sei von ihren Verwandten als Waise
an Willibald von Lundenburg — so nannte sich jener Ritter —
verhandelt worden und zu seiner Gemahlin entflohen, um den
Nachstellungen desselben zu entgehen, habe auch schon einem
Andern ihr Herz geschenkt. Auf Befragen des Königs, wer dies
sei, trat ein junger ungarischer Edelmann, Namens Andoras, hervor und sagte, er habe sie am baierschen Hofe, als Stephans
Gemahlin noch hier weilte, kennen und lieben gelernt. Der
König entschied nun, ein Gottesgericht, welches in einem Kampfe
auf Leben und Tod zwischen dem Lundenburger und Andoras
bestehen solle, möge entscheiden, wem das Fräulein gebühre. Am
andern Tage fand dieses statt, und im Einzelkampf gelang es
Andoras, seinem Gegner das Haupt sammt der gepanzerten
Rechten mit einem Schlage abzuhauen. Der glückliche Sieger
ward dem Fräulein vermählt und vom König zum Statthalter von
Siebenbürgen gemacht; er zeugte mit ihr drei Söhne, von denen
ihn jedoch nur der dritte überlebte und das Haus Andrassy gründete.

Anhalt, von.

Poetisch behandelt von Stahmann, Anhalts Sagen etc. S. 3.

Das Wappen von Anhalt ziert der Rauten-kranz der Ascanier, der Adler, der Bär und fünf Balken schwarz im goldenen Felde; dar-über giebt es folgende Sage: Einst wohnte ein tapferer Ritter im Harzwalde, der zog oft hin-aus in das Dickicht desselben und erlegte dort Bären und Wölfe, weshalb man ihn den Bären-Ringer nannte. Dann baute er sich auf einem Berge ein Haus von schweren Balken, ein Blockhaus, und als sich seine Begleiter auch in der Nähe anbauten, so hiess der Ort davon Balkenstädt, woraus später Ballenstädt ward (S. Wettin).

Arnim, von.

Poetisch behandelt von Hesekiel, Wappensagen. S. 3.

Seit mehr denn tausend Jahren führen die Arnims im rothen Felde zwei silberne Balken als ·Wappenzeichen. Der Familiensage nach rühren dieselben davon her, dass einst in einer Schlacht gegen die Friesen der Feldherr einem Junker von Arnheim befohlen hatte, eine höl-zerne Brücke, welche zwischen ihm und den ihn verfolgenden Friesen liegend, diesen die Möglichkeit ihn zu verfolgen, gewährte, abzu-brechen. Der tapfere Mann vermochte jedoch nicht, alle Balken derselben ins Wasser zu werfen, sondern es blieben zwei übrig, über welche die nachsetzenden Friesen das Wasser zu überschreiten suchten. Allein Arnheim liess sich nicht von seinem Platze ver-treiben, sondern wusste sich so lange zu halten, bis Hilfe kam. Zur Belohnung erhielt er von dem Grafen von Holland, seinem Lehnsherrn, den Ritterschlag und das obgedachte Wappen.

Arras, von.

S. Merck, Sagen des Moselthal. S. 109. Grässe, Preussisches Sagenbuch. Bd. II. S. 156.

Nicht weit von Alf, wo sich der Uesbach in die Mosel ergiesst, erblickt man noch heute auf einem waldbewachsenen Berge die Trümmer der alten Burg Arras, deren Entstehung ins 10. Jahrhundert fällt. Im Jahre 938 brachen unter Erzbischof Ruotbert von Trier eine Menge wilder Hunnen in dieses nur von wenigen armen Köhlerfamilien bewohnte Thal ein, nachdem sie bereits das ganze umherliegende Land verwüstet hatten. Da stellte sich ihnen ein Köhler mit seinen zwölf Söhnen, zu denen sich dann noch einige seiner Verwandten und Freunde gesellten, muthig in den Weg und es gelang ihnen auch von den unzugänglichen Höhen herab, die Feinde so lange aufzuhalten, bis der Pfalzgraf Hermann und die Ritter der umliegenden Gaue ein kleines Heer gesammelt hatten, ihnen in den Rücken fielen und eine vollständige Niederlage beibrachten. Da schlug der Pfalzgraf den Köhler, um ihn für seine Tapferkeit zu belohnen, zum Ritter und der Erzbischof baute ihm auf derselben Höhe eine Burg, welche er nach dem Namen des Köhlers benannte und deren Trümmer man noch sieht. So ward der schlichte Mann der Stammvater des Geschlechtes der Arrase, welches bis zum heutigen Tage noch die sogenannte Spitzwecke (die Form von den Schildern der Hunnen) im Wappen führt.

Asseburg, von der.

S. Gauhen, Adelslexicon. Th. I. S. 32.

Dieses alte braunschweigische Adelsgeschlecht heisst eigentlich von der Hagen und dessen Ahnherr Gebhard von der Hagen hat sich den Namen von der Asseburg beigelegt, nachdem er das ehemals sehr feste Bergschloss Asse-

burg, an dem Gehölze Asse im Braunschweigischen gelegen, von dem
Landesherrn zum Geschenk erhalten hatte. Dieses Schloss ist aber
nachmals von dem Herzog Albrecht von Braunschweig nach dreijäh-
riger Belagerung zerstört worden, weil die Familie von der Asseburg,
um ihn zu verspotten, in ihrem Wappen einen Löwen wie der
Herzog führte und auf selbigen einen Wolf, der dem Braunschweigischen Löwen mit seinen Klauen nach den Ohren griff,
setzen liess.

Auersberg, von.

Der Urahnherr dieser alten österreichischen Familie hat seinen
Namen davon, dass er einen grimmigen Auerochsen getödtet hat.

Baner, von.
S. Sinapius I. S. 240.

Die von Baner sind aus den Niederlanden
nach Polen und Schlesien gekommen und heissen
eigentlich Panier, führen auch zwei Paniere
oder Fahnen in ihrem Wappen. Es hat nämlich ihr tapferer Urahnherr, Namens Bonar,
der unter einem König von Frankreich im Kriege
wider die Engländer und Schottländer erstlich
als Rittmeister, dann als Feldherr in Diensten
gestanden, die Feinde geschlagen und von ihnen zwei Fahnen, eine
schwarze und eine weisse dem Könige zurückgebracht, wofür ihm
aus besonderer Gnade der Schild weiss und schwarz mit den königlichen Lilien beworfen, auf den Helm aber ein bekleideter Mann
(unten abgekürzt), dessen Kleid zur linken oder vordern Seite
schwarz, zur rechten weiss ist und der auf dem Kopfe über dem
Hute die Lilie und in jeder Hand eine Fahne, abwechselnd schwarz
und weiss, hält, gesetzt worden ist.

Barneckow, von.

Poetisch behandelt von Hesekiel, Wappensagen. S. 7.

Die auf Rügen angesessene Familie der Edeln von Barneckow führt in ihrem Wappen einen rothen Widder, sie sollen ihn zum Andenken für ihre im Jahre 1612 bewiesene Tapferkeit in einer Schlacht mit Schweden bei Warberg erhalten haben, wo ein Barneckow dem Könige von Dänemark das Leben erhielt. Allein das Wappen ist wohl älter.

Barner oder Börner, von.

S. Gauhen, Th. I. S. 54.

Diese adelige Familie im Mecklenburgischen führt in ihrem Wappen einen Arm, der eine brennende Fackel hält. Dieses Wappenzeichen bezieht sich aber auf ihren Namen, denn Barner bedeutet im Plattdeutschen soviel als Brenner.

Bassewitz, von.

Poetisch behandelt von Hesekiel, Wappensagen. S. 9.

Die Bassewitze führen einen springenden Eber in ihrem Wappen. Dieses Zeichen hat einst einem Ritter Bernd von Bassewitz ein Herzog von Mecklenburg verliehen, der nach einer verlorenen Schlacht, blos von diesem begleitet entfloh und nur dadurch sich rettete, dass er auf dessen Rath der Fährte eines Keilers folgte, so seinen Verfolgern entrann und wieder zu den Seinigen gelangte.

Bathori, von.

S. Sinapius, Schles. Merkw. Bd. II. S. 42.

Dieses angesehene ungarische Geschlecht ist scythischen Ursprungs und bereits mit Attila nach Pannonien gekommen. Ein gewisses Glied desselben, Namens Vitus, lebte ums Jahr 900 und ward Bator, d. i. in ungarischer Sprache der Beherzte oder Grossmüthige, genannt, weil er einen Drachen, der in einem Sumpfe beim Schlosse Eczed sich aufgehalten und den Ein- und Anwohnern grossen Schaden gethan hatte, mit einem Spiesse dreimal angefallen hatte und endlich tödtete, auch deshalb drei Drachenzähne ins Wappen und die Gegend, wo es geschehen war, zur Belohnung erhalten hatte.

Bellmont, von.

S. Gauhen, Th. I. S. 73.

Diese Familie ist nach Graubündten aus Italien gekommen und zwar schon mit den ersten Rhätiern zur Zeit des Königs Tarquinius Priscus (600 v. Chr.). Sie führt ihren Namen von dem noch jetzt in Toscana (Tuscien) existirenden Städtchen Belmonte und hat auch dem von ihr erbauten Schlosse im Kanton Bern den Namen Bellmont gegeben, ebenso der Herrschaft Bellmont in Lothringen. Als sie im 14. Jahrhundert in Verfall kam, hat sie ihren Namen in Schönberg verdeutscht und sich im römischen Reiche niedergelassen.

Below, von.

Poetisch behandelt von Hesekiel, Wappensagen. S. 16.

Die Below's, welche zwischen der Weser und Elbe angesessen waren, haben wegen ihrer gegen die Wenden bewiesenen Tapferkeit drei silberne Heidenköpfe auf himmelblauem Schilde als Wappenzeichen erhalten, als aber

Heinrich der Finkler bei Merseburg die Hunnen schlug, da eilaubte
er einem Below wegen seiner hier vollbrachten Thaten den kaiserlichen Adler im Schilde zu führen: daher das doppelte Wappenzeichen.

Berg, von.

S. Montanus, Die Vorzeit. Sagen und Geschichten der Länder Cleve-Mark,
Jülich-Berg und Westphalen. Elberfeld. 1871. Bd. II. S. 2 flgd.

Das ursprüngliche Wappen der Fürsten
von Berg entsprach dem Namen ihres Stamm-
schlosses: ein Berg, an dem ein Bach vorüber-
fliesst, auf diesem Berge ein Baum und auf dem
Baume eine Blume, die Rose, das heisst eine
Hagen - oder Heckenrose, auch Frickdorn genannt. Als das Stammschloss Berg in ein Kloster
verwandelt ward, blieb das Landeswappen auch
der geistlichen Genossenschaft, nur malte man es nicht mehr, son-

dern bezeichnete es durch ein Kreuz mit vier B, nämlich $\begin{array}{c|c} B & B \\ \hline B & B \end{array}$

d. i. Berg, Baum, Bach, Blume. Das Fürstengeschlecht behielt
aber die Rose nach wie vor als Wappen und auch seine Zweige,
die Grafen von der Mark und von Ysenburg nahmen sie an. Als
aber Friedrich von Ysenburg sein Wappen durch die Ermordung
des Erzbischofs Engelbert (1223) geschändet hatte, vertauschten
die Grafen von Berg ihr bisheriges Wappen mit dem Limburg-
schen Löwen und das Kloster Altenberg setzte statt der Rose die
Himmelskönigin Maria in ihr Siegel.

Ueber den Ursprung jenes älteren Wappens existirt aber folgende Sage. Der erste Graf von Berg, der auf dem Schlosse Berg
hauste, hatte eine tugendreiche Gattin, die ihm zwei Söhne geboren hatte, als er mit dem deutschen Kaiser Heinrich ins Feld
ziehen musste. Die Verwaltung seines Landes aber hatte er einem
Dienstmanne anvertraut, der aber, sobald der Graf fort war, seine
unedle Leidenschaft, welche er zu seiner Herrin trug, derselben
sofort offenbarte, und als er von derselben schmählich abgewiesen

worden war, nach Böhmen, wo das kaiserliche Heer stand, eilte,
und den Grafen mit einem so künstlich ersonnenen Lügengewebe
zu umstricken wusste, dass derselbe nach Hause eilte, seine Gemahlin ungehört verdammte und ermordete, und seine Söhne als
Bastarde aussetzen und in den Wald tragen liess, dass sie eine
Beute der Wölfe werden sollten. Da erbarmte sich aber die
h. Jungfrau ihrer Unschuld, liess eine dichte, für alles Raubthier
undurchdringliche Rosenhecke um die Stelle, wo die Knäblein im
Walde ausgesetzt waren, wachsen und pflegte die Knäblein in Gestalt ihrer Mutter. Als man nun dieses Wunder von einer benachbarten Anhöhe gesehen und dem Grafen hinterbracht hatte, da
kam die Schuldlosigkeit der treuen Gemahlin an den Tag, der
ungetreue Dienstmann musste sein Verbrechen mit seinem Leben
büssen, die Knaben wurden von ihrem Vater wieder aufgenommen
und wuchsen zu wackern Fürsten heran, der eine, Adolph, ward sein
Nachfolger als Graf von Berg, der andere, Bruno, wurde dem geistlichen Stande geweiht und Erzbischof von Cölln. An der Stelle,
wo man die Knaben hinter der Rosenwand gefunden hatte, ward
ohngefähr tausend Schritte vom Stammschlosse Berg eine Marien-
kapelle erbaut, welche später dem Kloster Altenberg Platz machen
musste, die Heckenrose aber setzte der Graf zum ewigen Gedächtnisse an dieses Wunder in sein Wappenschild.

Berka, Duba und Leipa, von.

S. Sinapius. Bd. I. S. 166. Grässe, Hubertusbrüder (Wien 1875). S. 58 fg.
und Sächsischer Sagenschatz. Bd. I. S. 172. Nr. 192.

Dieses uralte böhmische Geschlecht stammt von dem heldenmüthigen Jäger Howorra, der seinem Herzog Jaromir von Böhmen
auf folgende Art das Leben gerettet hat. Als im Jahre 1003 das
Geschlecht der Wrschowcen, entsprungen von einem Grafen Wrsch
(der mit dem Herzog Czecho aus Croatien nach Böhmen gekommen
war, und in seinem Schilde eine goldene Fischreuse — Wrsch heisst
auf Böhmisch eine Reuse — im blauen Felde zu führen pflegte),
vor andern trefflich zugenommen hatte, trachteten sie von Tage zu
Tage mehr darnach, das fürstliche Geschlecht auszurotten und den

vornehmsten unter ihnen, Cochan Wrschowc, auf den Thron zu
setzen. Zu dem Ende überredeten sie im Jahre 1083 den jungen
Herzog Jaromir, dass er mit ihnen auf die Jagd spazieren ritt, und
als die Jäger in die Wälder sich hin und wieder zerstreut hatten,
banden sie ihn an eine Eiche und schossen nach ihm mit Pfeilen.
Da liess sich plötzlich Howorra auf seinem Pferde sehen, die
Wrschowcen aber besorgten, er möchte die That an den Tag
bringen, und befahlen, ihn an einer Eiche aufzuhenken. Da bat
Howorra sich die Gnade aus, ihm vor seinem Ende noch zu ver-
gönnen, einmal in sein Jagdhorn zu blasen. Das that er und
durch den Schall desselben ward den Prager Bürgern das Zeichen
gegeben, herbeizueilen, den Herzog zu erlösen, den Howorra vom
Strange zu retten und die Mörder gefangen zu nehmen. Als nun
Alles glücklich abgelaufen war, ist Howorra ob solcher Treue vom
Herzog mit grossen Gütern beschenkt und zum vornehmsten Manne
nach ihm in Böhmen gemacht worden, hat auch das Jägermeister-
amt in Böhmen für seine Nachkommen erhalten und ist auf Empfehlung seines Herrn vom Kaiser Heinrich II. in den Freiherrnstand
versetzt worden. Die Freiherren von Duba und Lippa haben aber
ihren Namen von Bäumen, denn Duba heisst auf Böhmisch die
Eiche, und diesen Namen legte Jaromir dem Howorra wegen seiner
Treue bei, Lippa die Linde. Es sind aber die Freiherren von Berka,
Duba und Lippa keine verschiedenen Geschlechter, sondern nur verschiedene Geschlechtslinien, wie denn auch im 17. Jahrhundert die
Herren von Lippa, sowie die Grafen von Ronow und die Herren
von Berka, welche mit einander gleichen Ursprung haben, den Geschlechtsnamen Howorra werden angenommen haben. Die erstere
Linie, so 1683 unterging, schrieb sich Howorra von der Lippa oder
Leipa und führte die Würde der Erbmarschälle in Böhmen, die
andere Linie wird erhalten von den Grafen von Ronow und Biberstein ausserhalb Böhmen und die von der dritten in Böhmen schreiben
sich Berka, Grafen Howorra von Duba und Leipa. Zum ewigen Andenken gedachter Begebenheit führen sie im goldenen Schilde zwei
schwere Aeste kreuzweis übereinander geschrenkt, deren jeglicher Ast
fünf Zacken hat. Dergleichen Aeste finden sich auch auf dem gekrönten Helme im gelben Flügel.

Berlichingen, von.
S. Illustr. Zeitg. 1867. Nr. 1240.

Das Wappen der Berlichingen zeigt in einem schwarzen Schilde
ein fünffach gespeichertes silbernes Rad. Auf dem Helme sitzt ein
rechtssehender Wolf, ein geraubtes Lamm zwischen den Zähnen
haltend. Dieses Wappenzeichen soll die Familie deshalb angenommen haben, weil, als einst Götz von Berlichingen mit dem
von ihm gefangenen Grafen Waldeck auf seine väterliche Burg
Jaxthausen zog, er an der Spitze des Waldes eine Schafheerde
gewahr wurde, in die eben fünf reissende Wölfe einfielen und er-
würgten, was sie bemeistern konnten. Götz sah darin eine Anspielung auf sein Kleinod und rief ihnen zu: „Glück auf! tapfere
Gesellen, wackere Streitgenossen, Glück zu Euch und uns überall."

Biala, von.
S. Okolski, Orbis Polon. T. III. p. 240.

Das Wappen dieser polnischen Familie sind zwei Schwerthefte,
mit einem Ueberreste von Klinge übereinander, dazwischen ein
Halbmond in blauem Felde. Dieses Wappen erhielt der Urahnherr dieser Familie, ein polnischer Krieger Namens Trzaska deshalb vom König Boleslaus Chrobri, weil er in einer Schlacht mit
seinem Schwerte die nach dem König gerichteten Hiebe der Feinde
abhielt und abwehrte, und da dasselbe zerbrach, mit einem andern
ihm gereichten die Feinde schlug und den Sieg bewirkte, aber auch
wieder mit zerbrochenem Schwerte zurückkehrte. Der Mond aber
sollte den Nachkommen, die sich nach den ihm vom König ver-
liehenen Besitzungen von Biala nannten, ein vorleuchtendes Bild
zur Nachfolge in Tapferkeit und das Blau des Feldes einen dem
Könige günstigen Himmel andeuten.

Bibau oder Bibow, von.
S. Gauhen. Th. I. S. 102.

Diese alte mecklenburgische Famile hat ihren Namen von
dem vielen Trinken ihres Urahnherrn (v. Lat. Zeitwort „bibere"),
ist aber eines Ursprungs mit der Familie Hahn, wie man aus ihrem
Wappen ersieht.

Biberstein, von. Siehe Tschammer.

Bibra, von.
S. Sinapius I. S. 169.

Das Geschlecht der Freiherren von Bibra stammt aus Franken, wo ihr Stammhaus im Stifte Würzburg an der Tauber, unweit Röting, gelegen war. Ihr früheres Wappen zeigte einen Biber in seiner Farbe im gelben Schilde und auf dem gekrönten Helme zwei gelbe Adlersflügel, in deren jedem ein Biber. Weil aber bei einem Turniere, welches ein König in Dänemark angestellt hatte, ein Bibra von einem Ritter von Schellendorf beleidigt und dieser nachmals von jenem erlegt worden ist, so sah sich der König veranlasst, dem Bibra den silbernen Degen mit schwarzem Gefässe und anstatt des Bibers auf dem Helme zwei schuppige Biberschwänze ins Wappen zu geben.

Bienewitz, von.
S. Grässe, Sächs. Sagenschatz. Bd. I. Nr. 348. S. 310.

Der grosse Mathematiker Petrus Apionus hiess eigentlich Bienewitz oder Bennewitz und war zu Leisnig in Sachsen geboren (1495). Kaiser Karl V., der ihn sehr hoch schätzte, erhob ihn in den Adelsstand (1541) und gab ihm den zweiköpfigen gekrönten schwarzen (kaiserlichen) Adler in goldenem Felde mit einem blauen Kranze, wie Wolken gestaltet, umgeben als Wappen. Nun hatten, als vor der Schlacht bei Mühlberg Karls Bruder, Ferdinand, am 21. April 1547 nach Leisnig kam, einige Bürger sich an plündernden spanischen Soldaten vergriffen und in Folge dessen befahl jener die Stadt zu plündern. Allein als der Kaiser von einem seiner Kriegsobersten, der Apians Bild mit dem Wappen im Hause seines Wirthes, eines Bruders Apians, gesehen hatte, erfahren, dass Leisnig dessen Geburtsort sei, verbot er augenblicklich bei Leibesstrafe, dass Niemand sich unterfangen möge, einem Bewohner der

Vaterstadt seines lieben Freundes etwas zu Leide zu thun und annullirte den Befehl seines Bruders.

Bilow oder Bilau.
S. Gauhen. Th. I. S. 110.

Diese mecklenburgische Adelsfamilie, deren Stammhaus Grischow hiess, hat ihren Namen von ihrem Wappen. Dasselbe führt nämlich drei Beile, nach pommerscher Mundart Bile, in ihrem Schilde.

Bintof oder Bindauf, von.
S. Gauhen, Th. I. S 110.

Diese im früheren sächsischen Kurkreise angesessene Familie soll den Ritter zum Stammvater haben, dem der Markgraf Friedrich mit der gebissenen Wange kurz vor der Schlacht bei Lucka die Wappen seiner Provinzen aufgebunden haben soll (1307). Davon soll nun auch der Name der Familie herstammen.

Bismarck, von.
Poetisch behandelt von Hesekiel. Wappensagen S. 19.

Das Bismarck'sche Wappenschild zeigt ein Kleeblatt im blauen Felde, von Nesseln umgeben. Diese Verbindung soll daher rühren, dass einst ein Wendenfürst um ein Fräulein von Bismarck gefreit habe, die bereits an ihren Vetter versprochen gewesen war. Er erhielt einen Korb von derselben, und voll Ingrimm schwur er, ihr Kleeblatt zu brechen, es werde ihn nicht wie eine Nessel bei der Berührung brennen. Es gelang ihm auch, in Abwesenheit ihres Vaters in ihre Burg zu dringen und sie gefangen zu nehmen. Als er sie aber in die Arme schloss und ausrief: „Euer Kleeblatt thut mir nicht weh!" da stiess sie den bereitgehaltenen Dolch ihm mit den Worten in's Herz: „So habt Ihr die Brennnesseln!" und seit dieser Zeit führen die Bismarcke dieses Zeichen in ihrem Wappen.

Bitowsky von Bitowa.

S. Sinapius. I. S. 267.

Im Fürstenthum Troppau war ehemals dieses Geschlecht
angesessen; sie führten in ihrem Wappenschilde ein Herz, aus
welchem zwiefaches Feuer heraussprühte: auf dem Felde geht
ein eben solches Herz durch eine Säule. Man erzählt aber, ihr
Urahnherr sei ein Slavonier gewesen, der sich am königlich französischen Hofe eben zu der Zeit befunden habe, wo ein junger
Prinz von der Insel Cypern eine da sich aufhaltende französische
Prinzessin incognito für sich zu gewinnen sich bemüht hätte.
Weil nun gedachter Slavonier bequeme Gelegenheit gefunden
habe, die beiden verliebten Personen zusammenzubringen, so wäre
zum Andenken der Liebesqual, die sie beiderseits empfunden, dem
Slavonier das Herz mit verdoppelten Flammen in sein Wappen
gesetzt worden.

Blücher, von.

Poetisch behandelt von Hesekiel, Wappensagen S. 21.

Der Urahn dieser Familie war der
Sage nach ein tapferer wendischer Krieger,
der einst mit Herzog Heinrich dem Löwen
nach Rhodus gezogen war und dort wegen
seiner Tapferkeit den Ritterschlag erhielt.
Nach Europa zurückgekehrt, begleitete er
seinen Herrn, als dieser seinem von den
heidnischen Wenden bedrängten Schwieger-
sohne, dem Fürsten Borwin von Mecklenburg, zu Hilfe eilte. Auch
hier zeichnete er sich durch grosse Tapferkeit aus, namentlich
schützte er einst ganz allein eine Kapelle, welche die Heiden
zerstören wollten. Als er nun, nachdem diese geflohen, noch mit
ihrem Blute bespritzt, auf seinem blutbefleckten Schilde seinem
Herrn die Kirchenschlüssel überreichte, da hiess ihm dieser, sich
den Namen Bleudiger (Blutiger; davon Blücher) beilegen und
verlieh ihm die Schlüssel als Wappenzeichen.

Bock, von.

S. Sinapius. I. S. 269.

Die braunschweigischen, westphälischen, pfälzischen, elsässischen und pommerschen Geschlechter von Bock haben entweder im Schilde oder auf dem Helme zugleich oder wenigstens auf einem von beiden einen Bock. Ebenso findet sich in Polen die Familie derer von Koziel, d. i. von Bock, denn Bock heisst auf Polnisch Koziel, diese führen gleichfalls auf Schild und Helm einen Bock. Man sagt aber, dass das Geschlecht derer von Bock von den Franken seinen Ursprung habe und dass diese vor Jahren gegen den Aufgang der Sonne bei dem Bocksberge gewohnt hätten, welcher seinen Namen von der Menge der Böcke, die daselbst geweidet, erhalten habe. Zum Gedächtniss hätten sie auf der Höhe dieses Berges ein festes Schloss erbaut, welches die Einwohner von dem Zunamen des Berges den Bocksberg geheissen, sie aber hätten sich von besagtem Stammhause nachmals die Bocker genannt. Dieses Boxberg ist aber ein unweit Alzheim liegendes kleines Städtchen in der Unterpfalz, so auf der Höhe ein feines Schloss hat. Als nun Kaiser Julius Cäsar die Gallier überwunden, so wären verschiedene dieses Geschlechts nach Rom mit fortgeführt, bei erfolgtem Einfalle der Gothen und Hunnen aber im fünften Jahrhundert wiederum gezwungen worden, über die Alpen nach Deutschland zurückzukehren, da sie sich dann in den Elsass begeben, und einer, Namens Rupertus Bock, habe nahe bei der Stadt Strassburg in einer Aue, die den Namen von ihm erlangt und Rupertusaue genannt worden sei, gewohnt. Dessen Nachkommen haben nun nicht blos in Elsass florirt, sondern sich auch in Westphalen, Braunschweig, Pommern, Polen und Schlesien niedergelassen, hier aber das Wappen verändert und einen rothen Hirsch geführt; in Polen auch mit verändertem Namen sich Herren von Brochwice und von Sopke genannt.

Böhmen.

S. Westermann, Illustr. Monatsh. 1867. Nr. 132. S. 590.

In ältester Zeit führte das Königreich Böhmen auf feurigem Grunde einen rothen Kessel als Wappen, was sich darauf bezog, dass St. Veit, der Schutzpatron von Böhmen, seinen Märtyrertod in einem Kessel siedenden Oels erlitt. Später folgte ein schwarzes Adlerweibchen als solches und endlich ein silberner Löwe mit goldener Krone in Roth. Letzteres Wappen verlieh der Kaiser den Böhmen im J. 1159 wegen ihrer Tapferkeit vor Mailand. Nun hatte der Maler den Löwen so dargestellt, dass man den Schwanz nicht sehen konnte; da wurden die Böhmen böse und meinten, er sehe einem Affen ähnlicher als einem Löwen. Wie nun der Kaiser hörte, dass den Böhmen an dem Schwanze so viel gelegen war, so liess er dem Löwen zwei Schwänze für einen malen, weswegen derselbe bis auf den heutigen Tag mit einem zweifachen Schwanze dargestellt wird.

Bojanowsky, von.

S. Sinapius. I. S. 276; nach Okolski. Orbis Polon. T. 1. p. 354.

Dieses Geschlecht hat seinen Ursprung von dem Grafen Junossa, die mit Lech nach Polen kamen und sich erstlich Baran (d. h. auf Polnisch ein Lamm oder Schaf), nachmals Jundsza genannt haben. Dieser Name aber ist entweder deutsch und heisst dann soviel als Jungschaf, oder weil Junasza auf Polnisch Bräutigam bedeutet, ist anzunehmen, dass, als der Urahnherr auf die Verlobung oder Vermählung habe ausziehen wollen, ihm eine Heerde Widder aus dem Busche folgte und er dies für ein glückliches Zeichen hielt, seine Feinde zu überfallen und zu schlagen. Er habe zu dessen Angedenken seinen Namen verändert und im rothen Schilde einen weissen, mit Blut besprengten Widder geführt.

Borcke, von.

Poetisch behandelt von Hesekiel, Wappensagen. S. 30.

Die Familie der pommerschen Edeln von Borcke führt als Wappenzeichen zwei Wölfe mit goldenen Kronen. Dieses soll

daher kommen, weil diese, die nach einem plattdeutschen Sprich-
wort so alt sind als der Teufel (det is so old, as de Borcken und
de Düwel), in der ältesten Zeit mit ihren Besitzungen gleich wie
gekrönte Fürsten herrschten, auch keinem Fürstenhause unterthan,
sondern wie die freien Wölfe zu leben gewohnt waren.

Borensky, von.
S. Sinapius I. S. 282.

Dieses schlesische Geschlecht ist durch die ritterliche That
eines seiner Vorfahren zum Adel gelangt. Es hat nämlich dieser
das Schloss Kosel, welches bei einer Belagerung durch Feuer
bereits übel zugerichtet war, dennoch wider die stürmenden Feinde
ritterlich vertheidigt und daher in sein Wappen ein Schloss mit
zwei Thürmen, und zwar solches im Schilde und auf dem gekrönten Helme zu führen, bekommen.

Bose, von.
S. Sinapius. II. S. 542.

Dieses alte Geschlecht stammt von einem
Urahnherrn ab, der 933 in dem von Kaiser
Heinrich den Hunnen gelieferten Treffen bei
Merseburg sich sehr auszeichnete; daher führte
es auch ein blutrothes Wappenschild, und auf
dem Helme eine umgekehrte ungarische Mütze,
aus welcher sechs rothe und weisse Hahnenfedern herauskommen. Die Familie führt ihren
Namen von dem allerersten Bischof von Merseburg, Bose (968
bis 970), der das Dorf Bose bei Magdeburg erbaute.

Boskowitz, von.
S. Hormayr, Taschenbuch. 1832. S. 31 fg.

Als das Land zwischen der Waag und Moldau noch eigne
Herren hatte, verfolgte ein Prinz Priwina, dem die Stadt Brünn

2*

ihren Namen verdankt, einen Ur; dabei verirrte er sich aber so, dass er sich durchaus nicht wieder zurechtfinden konnte. Endlich gelangte er an die Hütte eines Vogelstellers, Namens Welen, der ihn aufnahm, mit Speise und Trank erquickte und ihn bettete. Am andern Morgen beim Abschied hiess ihn der Fürst an einem bestimmten Tage in sein Schloss kommen, und als Wahrzeichen den Kamm, womit er sich nach dem Bade die Haare gekämmt hatte, und den rothen Kampfesschild, auf dem er geruht hatte, vorzeigen. Wie gedacht, so geschehen; er ging einige Tage darauf auf den Spielberg, wo der Fürst wohnte und stellte sich ihm vor. Dieser schlug ihn zum Ritter und schenkte ihm den Hügel, worauf seine elende Hütte gestanden hatte, und die ganze Umgegend. Als er nun bei seiner Rückkehr sich nach einem Ort umsah, wo er sich ein Schloss bauen könne, und einen Hügel an der Biela, der ihm dazu geeignet zu sein schien, erstieg, stiess er, da er noch wie sonst barfüssig einherging, sich an einem spitzigen Stein den Fuss blutig. „Go negdu boskowice (brauche ich doch künftig nimmer barfuss zu gehen)!" rief er, und die Seinigen sprachen einhellig: „So soll das Schloss heissen, das du bauen wirst (Boskowice)". So ward der Vogelsteller der Gründer des alten berühmten böhmischen Geschlechtes der Boskowitze. Der Kamm aus ihrem Wappen aber ist noch im Wappen der Lichtensteiner zu sehen, auf welche nach dem Erlöschen der männlichen Linie die Besitzungen derselben durch die Erbtöchter Anna und Katharina übergingen.

Bothmar, von.

S. Sinapius. II. S. 319.

Dieses Geschlecht, welches schon bei einem Turnier im Jahre 938 erwähnt wird, hat seinen Namen von einem Boot oder Schifflein, welches es im Wappen und auf dem Helme führt, und demselben gegeben worden ist, weil sein Urahnherr auf dem Meere seinen Adel durch Glück, Tapferkeit und Beständigkeit erworben haben soll.

Brabantsky, von.

S. Sinapius. I. S. 290.

Dieses Geschlecht hat seinen Stammsitz Brabantitz im Fürstenthum Troppau und führt als Wappen im goldenen Schilde eine gekrönte Jungfrau mit ausgebreiteten Händen und fliegenden Haaren, auf einem Bär sitzend; auf dem gekrönten Helme befindet sich indess der Bär allein, auf den Hinterbeinen sitzend. Ihr Ursprung wird aus England hergeleitet und erzählt, dass Carambert oder Ercombert, König von England, um das Jahr 646 einen Prinzen und eine sehr schöne Prinzessin als Erben hinterlassen habe. Es hätten sich auch um die Prinzessin verschiedene Fürsten beworben, der König aber, ihr Bruder, so nach ihrem Erbe und ihrem kostbaren Schmuck gestrebt, habe in keine Heirath willigen wollen, sondern einst im Zorn befohlen, auf sie einen Bär zu hetzen, allein das Thier sei durch Gottes wunderbare Errettung vor dieser frommen Prinzessin niedergekniet, also dass sie sich habe auf ihn setzen können. Hierauf habe sie sich mit einem Herzog von Lothringen vermählt und ihm etliche Söhne geboren, unter welchen der erstgeborene ihm in seiner Regierung succedirt habe, die anderen aber hätten in fremden Ländern durch abgelegte Ritterproben vielen Ruhm erworben, und zum Andenken an diese Begebenheit dieses Wappen zu führen angefangen, einer aber von ihren Nachkommen habe sich unter der Regierung des Boleslaus Chrobri in Polen niedergelassen und dort vom Flusse Rawa, an welchem er sich angebaut, den Namen Rawicz bekommen.

Brandenstein, von.

Poetisch behandelt von Hesekiel, Wappensagen S. 35.

Die Herren von Brandenstein führen in ihrem Wappen einen Wolf und eine Gans; was das für eine Bedeutung hat, darüber giebt uns ein alter Stein Aufschluss. Derselbe lautet:

Andre Wappen ein Löwe oder Bär,
Ein Greif und dergleichen Thier mehr
Zu sein pflegt; die von Brandenstein

Den Wolf haben, so die Gans rein
Davon trägt und sich erfreut.
Wohl dem, der erlangt die Beut'
Durch Mannheit, solche Speis' gebührt
Dem Ritter, der seine Tugend ziert.

Brauchitsch, von.

S. Sinapius I. S. 292.

Dieses Geschlecht soll von Polen nach Schlesien gekommen sein und es wird von dem Urahnherrn desselben erzählt, er habe einst, um seine ausserordentliche Leibesstärke zu zeigen, einen springenden Hirsch bei den Geweihen ergriffen und eines davon abgebrochen, daher ihm zum Angedenken ein springender schwarzer Hirsch mit rothen Geweihen, deren eines abgebrochen, als Wappen in ein weisses Schild gegeben worden sei.

Braunschweig.

S. Lucä, Grafensaal. S. 43.

Im Jahre 1186 ist Herzog Heinrich der Löwe aus England zurückgekehrt und hat in sein rothes Wappenschild zwei goldene Leoparden mit blauen Zungen und Augen malen lassen, die ihm König Richard von England geschenkt hatte, das weisse springende Pferd aber, das seine Vorfahren seit der Zeit, als sie Christen geworden waren, statt des schwarzen Hengstes (ohne Sattel und Zaum) der alten Sachsenkönige in ihrem Schilde führten, liess er oben auf den Helm setzen und zeigte dadurch sein Herkommen an. Kaiser Friedrich II. verlieh nun Herzog Otto I. bei der Belehnung mit dem Herzogthum Braunschweig die zwei dunkelrothen Löwen Heinrichs des Löwen, welche die braunschweigische Herrschaft bedeuten, und den dritten von blauer Farbe, wie er früher von dem Sachsenherzog Hermann Billing gebraucht worden war.

Bredow, von.

Erste Sage.
S. Kuhn, Märkische Sagen. S. 153.

Einst hielt der Teufel auf Erden Musterung unter den Edelleuten und steckte alle, die nicht gut thun wollten, in einen Sack und fuhr mit ihnen zur Hölle. Als er aber über die Stadt Friesack im Havellande hinfuhr, streifte der Sack die Spitze des Kirchthurms. Dadurch entstand ein Loch und ein ganzer Haufe von Edelleuten fiel heraus, ohne dass es der Teufel bemerkte. Dies waren die Herren von Bredow, welche sehr froh waren, den Krallen des Teufels entgangen zu sein. Aus Dankbarkeit nannten sie die Stadt, wo der Sack ein Loch bekommen hatte, Frie-Sack und von da verbreiteten sie sich über das ganze Havelland und gaben einer Menge von Orten neue Namen. Sie legten solche aber den Orten nach der Richtung des Weges, den sie genommen hatten, bei. Der älteste der Brüder, der in Friesack blieb, sagte zum zweiten: „gä bess (besser) hin" und davon nannte jener den Ort, wo er sich niederliess, Besshin, woraus Pessin ward. Ein dritter ging von Friesack landeinwärts und nannte seine Ansiedelung „Land in", woraus Landin ward. Ein vierter ging denselben Weg entlang wie der zweite und baute Selbelang; ein fünfter ging von dort aus rechts zu, „rechts to", und baute Retzow, ein sechster endlich nannte den Ort, wo er sich ansässig machte, nach seinem eigenen Namen, Bredow.

Bredow, von.

Zweite Sage.
Poetisch behandelt von Hesekiel, Wappensagen. S. 43.

Das Wappen der Herren von Bredow führt als Zeichen einen Bock und eine goldene Sprossenleiter. Darüber wird folgende Sage erzählt. Einst habe ein Ritter ein hoch auf einem Berge gelegenes Schloss in den Ardennen belagert und trotz aller Tapferkeit seien alle Stürme abgeschlagen worden, so dass die Belagerer sich schon zum Abzug gerüstet. Da habe ein junger Edelmann, als er am Abend bei Mondenschein die Veste umschlich, um irgendwo eine schwache Stelle, wo sie sich ersteigen lasse, zu entdecken, plötz-

lich einen Steinbock erblickt, der bis zu den hohen Mauern hinauf-
kletterte, und am dritten Abend wären die Belagerer denselben
Gemsenpfad emporgeklettert, hätten die Mauern auf mitgebrachten
Leitern erstiegen und die Burg erobert, und zur Erinnerung habe
ihm sein Lehnsherr dieses Wappen gegeben.

Bülow, von.
Erste Sage.
S. Gauhen I. S. 209. Poetisch behandelt von Gaudy, Schildsagen. S. 45 fg.

Diese altadelige Familie hat ihren Namen
um 1154 von dem von Gottfried von Bülow
acquirirten Gute Bülow bei Gadebusch angenommen, allein ihr Urahnherr war ein armer
Bergmann im Braunschweigischen. Einst hat
derselbe, während schwere Sorge ums täg-
liche Brod in seiner elenden Hütte wohnte,
zur h. Jungfrau um Hilfe gebeten. Da ist sie
ihm im Traume erschienen und hat ihn heissen unter einer grossen,
an einem Kreuzwege stehenden Eiche nachgraben, dort werde er
einen Schatz finden. Dies hat er auch gethan, aber er grub vergeblich, er fand nichts. Da hat er gemurrt und sich bitter über
die Täuschung beklagt, und in der nächsten Nacht ist ihm die
Gottesmutter wieder erschienen und hat ihm gesagt, er solle nicht
verzagen, sondern nochmals nachgraben. Mit wenig Hoffnung ging
er ans Werk, grub tiefer und fand eine Stufe gediegenen Goldes.
Nun wusste er was gemeint war, er verkaufte seinen Fund und
konnte damit das ganze Land kaufen, wo er die Stufe gefunden
hatte. Mit den aus den von ihm hier angelegten Bergwerken ge-
wonnenen Schätzen erkaufte er dann mehrere Güter, ward geadelt
und nahm zum Andenken die vierzehn Goldmünzen in sein
Wappen auf.

Bülow, von.
Zweite Sage.
Poetisch behandelt von Hesekiel, Wappensagen. S. 46.

Das Wappen der Herren von Bülow zeigt im Schilde eine
Anzahl Goldmünzen und oben darauf einen Vogel, einen Ring im

Schnabel haltend. Man erzählt, es habe einst ein Urahn der Familie, ein wendischer Fürst, seinen Glauben gewechselt und das Christenthum angenommen, da hätten ihn seine Verwandten aus seinem väterlichen Erbe vertrieben und als er so in der Verzweiflung, wohin er sich wenden solle, im Walde, wohin er sich geflüchtet, herumirrte, da habe auf einmal ein kleiner Vogel von einem hohen Baume herab mehrmals seinen Namen gerufen, sei fortgeflogen und dieses Rufen so lange wiederholt, bis er ihm gefolgt sei. Er sei dann hinter ihm immer bis zu einer alten Eiche gelaufen, da habe der Vogel plötzlich aus seinem Schnabel einen goldenen Ring auf die Erde fallen lassen und sei verschwunden. Bülow habe dies für eine Sendung von oben angesehen, die Eiche untersucht und in ihrer Höhlung einen grossen Schatz gefunden, mit dem er sich dann wieder ein Besitzthum erworben und zum Andenken Vogel und Münzen in sein Wappenschild aufgenommen habe.

Bünau, von.

S. Sinapius I. S. 304 fg.

Die Abkunft dieses uralten meissnischen Geschlechtes leiten Einige aus Polen her und sagen, das Geschlecht der von Bunawezky an der litthauischen Grenze sei mit den Bünau's einerlei Stammes. Andere sagen, sie seien aus der Schweiz nach Sachsen gekommen, allein die Hauptmeinung ist, dass sie von den Pedemontanen oder Piemontesischen Fürsten abstammen, welche im Jahre 1232 von dem savoyischen Grafen Thomas ihrer Erblande beraubt worden wären. Sie hätten nun zuerst in Sicilien Kaiser Friedrich II. um Beistand gebeten, allein dieser habe mit seinen eigenen Kriegen genug zu thun gehabt, dann hätten sie sich an andere deutsche Fürsten um Hilfe gewandt, als diese ihnen aber auch nicht beizuspringen gewagt, wären sie in Deutschland geblieben und hätten sich in Böhmen und Meissen ansässig gemacht. Ihr Wappen, ein Löwenkopf, im Rachen eine Lilie haltend, sei auch das Wappen jener pedemontanischen

Fürstenfamilie. Weil nun aber im Turnierbuche Feierabends
(S. 51) einer Demuth von Bünau, der hinterlassenen Wittwe Günthers
von Saalhausen gedacht wird, die auf dem 996 vom Markgraf
Ludolph von Sachsen und Herrn von Braunschweig gehaltnen Turniere zu Braunschweig den vierten Dank dem Turniervogt Kilian
von Wolfskäl einem Franken gab, so müssten die Herren von
Bünau eher aus Italien als erst im Jahre 1232 nach Deutschland
gekommen sein, wenn sie italienischer Abkunft wären. Einer aus
dem Geschlechte derer von Bünau soll nun aber Kurfürst von Trier
gewesen sein (obgleich seiner in dem Verzeichnisse der Kurfürsten
nicht Erwähnung gethan wird) und als Kaiser Maximilian II.*) zu
Frankfurt gekrönt ward, an S. Majestät folgende drei Bitten gerichtet haben. Erstlich, weil er einer aus dem Geschlechte derer
von Bünau sei, welches zwei Helme führe, dass er sein (rothes)
Kurhütlein auf den einen Helm setzen dürfe. Zweitens, dass die
von Bünau unterschiedliche gewisse Namen, als Heinrich, Rudolph
und Günther haben könnten, und drittens, dass er seinen ganzen
Schatz, welchen er in seinem Stifte erübrigt, dem Geschlechte derer
von Bünau zum ewigen Gedächtnisse vermachen dürfe, welche drei
Bitten S. K. Majestät gedachtem Herrn Kurfürsten auch bewilligt
habe. Weil nun seine Verlassenschaft sich auf etliche Tonnen
Goldes belaufen, habe er in seinem Testamente verordnet, dass
seine Baarschaft zum ewigen Gedächtniss an acht Stammhäuser
verwendet werde, nämlich an je zwei in Böhmen, Meissen, Thüringen
und Voigtland, von deren Einkommen das ganze Geschlecht zu
geniessen habe. Peccenstein aber meldet in seinem Theatrum
Saxon. I. S. 50 von den drei Taufnamen Heinrich, Günther und
Rudolph, dass solches aus einem besonderen Zufall und Betrug
eines, so sich ihres Stammes gerühmt und damit ein Falsum gebraucht, auch allerhand Unglück gestiftet, nach derer Vorfahren
Rath und Vergleich geschehen sein solle, oder dass vor ohngefähr
200 Jahren (er schrieb um das Jahr 1608) das Geschlecht bis
auf drei Personen ausgestorben gewesen sein solle, da dann diese

---

*) Nach Andern sei dies viel früher geschehen und zwar unter Kaiser
Konrad III. und jener Heinrich von Bünau sei nicht Kurfürst von Trier,
sondern von Mainz gewesen.

damals unter sich einig geworden wären, diese drei Namen fort und fort zu gebrauchen.*)

Burkersroda, von.

Poetisch behandelt von Hesekiel, Wappensagen S. 49.

Die Herren von Burkersroda, sowie die Grafen von Zech - Burkersroda führen noch heute auf ihrem Wappen ein schönes Frauenbild, das ist die Sachsenfürstin Richildis, die Nichte des sächsischen Kaisers Otto. Conrad von Rheinfranken, ein Brudersohn Kaiser Conrads, hatte sich nämlich bei einem Feste zu Merseburg öffentlich gerühmt, er habe mehr als einmal ihre Umarmung genossen. Da hat ein sächsischer Ritter, Namens Burkard, denselben laut der Lüge geziehen und ihn im Zweikampfe (im Jahre 950) gezwungen, sich selbst zum Verleumder zu erklären; zur ewigen Erinnerung sei diesem sodann das Wappen gegeben worden.

Buttlar, von.

Poetisch behandelt von Hesekiel. Wappensagen S. 54.

Die Herren von Buttlar hatten, wie sie meinten, Anspruch auf den Reichsfreiherrntitel, allein Friedrich der Grosse bestritt ihnen denselben lange. Da hat es sich zugetragen, dass in einer blutigen Schlacht sich ein Buttlar durch seine Tapferkeit besonders auszeichnete, aber dabei einen Arm verlor. Da hat ihm Friedrich der Grosse zur Belohnung den Freiherrntitel und in seinen Wappenschild die beiden wilden Männer aus dem preussischen Wappen verliehen, die noch in dem von Buttlarschen Wappen zu sehen sind.

*) Nach Anderen wäre dies viel später geschehen, erst nach der Schlacht am weissen Berge, wo gegen 200 Glieder dieser Familie gefallen waren. (S. Grässe, Sächsischer Sagenschatz, Bd. I. Nr. 59.)

Bzura, von.

S. Okolski, Orbis Polon. T. II. p. 137.

Die polnische Adelsfamile Bzura führt als Wappen in Roth einen Pfeil cder ein befiedertes Pfeilende quer belegt mit zwei Schwertgriffen von Silber, und auf dem Helme einen wachsenden Fuchs. Dieses Wappen ist ihrem Ahnherrn durch König Kasimir I. von Polen nach dem Treffen mit dem Jacungern am Flusse Bzura im Jahre 1058 verliehen worden, weil er listig wie ein Fuchs den von vorn und hinten, auf das durch einen in die Höhe geschossenen brennenden Pfeil gegebene Zeichen, angegriffenen Feind besiegte und ihm im Kampfe zwei Schwerter zerbrochen waren.

Callenberg, von.

S. Gauhen, Th. I. S. 237. Haupt, Laus. Sagenbuch. Bd. II. S. 27.

Diese Lausitzer Familie ist sehr alt. Ihr Stammschloss ist jedoch das Schloss Callenberg in Westphalen bei Marburg an der Grenze von Hessen. Man erzählt, dass selbiges einer von den vier Rittern erbaut habe, welche Kaiser Karl der Grosse nebst einem Grafen von Oettingen im Jahre 804 nach Warburg gesetzt habe, um die Einwohner vom Götzendienste abzuhalten.

Canitz, von.

S. Gauhen Th. I. S. 235.

Diese alte Familie, deren Stammsitz im Stifte Wurzen liegt, führt in ihrem Wappen ein rothes burgundisches Kreuz, weshalb ihre Abkunft auf dieses Land zurückgeführt wird. Andere behaupten, ihr Stammvater sei der irische Heilige Canic. Es führt dieses Geschlecht Geierfedern auf dem Helme, weil auf Wendisch Kanetz ein Geier heisst.

Carlowitz, von.

S. Gresser, Lausitzer Denkwürd. Bd. III. S. 44. Grässe, Sächs. Sagenschatz.
(Dresden 1874.) Bd. II. S. 111 Nr. 725.

Ueber den Ursprung dieses alten Lausitzer Geschlechts giebt es mehrere Sagen. Nach der einen wäre der Urahnherr desselben einer der vornehmsten Räthe Karls des Grossen gewesen und von den Slaven wegen seiner in den Kriegen des Kaisers gegen sie bewiesenen Klugheit Carlowitz, d. h. Karls Licht genannt worden.

Nach einer anderen Sage stammen die Herren von Carlowitz von Karl I. von Anjou, Könige von Neapel und Sicilien (1266) ab. Ein Enkel des jüngsten Sohnes Karls II. von Neapel, der Johann hiess, ebenfalls Johann genannt, mit dem Beinamen Horwat, ward Ban von Croatien und verschaffte seinem Bruder Karl dem Kleinen im Jahre 1386 die ungarische Krone; als derselbe aber auf Veranlassung der Wittwe König Ludwigs und ihrer Tochter Marie ermordet worden war, liess er erstere ertränken, letztere aber in's Gefängniss werfen. Diese jedoch, durch ihren Bräutigam, den nachherigen Kaiser Sigismund, befreit, veranlasste diesen, ihn, nachdem er ihn in seine Gewalt bekommen hatte, in Stücke hauen zu lassen. Von dessen Sohn Karl, den der Kaiser begnadigte und sogar mit verschiedenen Gütern in Kroatien und Slavonien beschenkte, worauf derselbe sich zwischen Scherwich und Griechisch Weissenburg ein Schloss erbaute, welches er Carlowitz nannte, soll nun die Familie Carlowitz abstammen und nach diesem Schlosse ihren Namen erhalten haben.

Nach einer dritten Sage stammen sie indess von jenem bulgarischen Helden Marko Carlowiczo oder Kraljewitsch ab, über den noch viele Heldenlieder existiren.

Cetner, von.

S. Sinapius II. S. 562, nach Okolski T. II. p. 525.

Dieses Geschlecht stammt von der polnischen Familie Przyrowa ab, welche im blutrothen Schilde eine seidene, goldfarbige

Kriegsfahne zeigt, wie die polnische Reiterei zu führen pflegte. Die Fahne ist um eine Stange gewunden und ganz, die Stange aber in der Mitte gebrochen. Dieses Wappen schreibt sich daher, dass ein tapferer polnischer Kriegsmann 1109 in der blutigen Schlacht bei Breslau, welche von Sonnenaufgang bis an den hohen Mittag dauerte, so wüthend auf die Deutschen eindrang, dass dieselben wichen und der Sieg seinen Landsleuten zu Theil ward. In Folge davon wurden so viele Deutsche erschlagen, dass sie nicht begraben werden konnten, sondern von den Hunden gefressen wurden, wovon das hier erbaute Städtchen den polnischen Namen Psiepole, d. h. Hundsfeld, bekam.

Chamare, von.
S. Sinapius II. S. 325.

Diese alte niederländische Familie stammt aus Artois, hatte aber zum Geschlechtsnamen eigentlich den Namen Harbuval, während Chamare nur ein Beiname ist, den einst der Oberst Johann von Harbuval daher bekam, weil, als er in seinem mit Gold und Silber chamarirten Kleide über die Bresche einer Festung eingedrungen war, der General ausrief, man solle diesem Chamarirten zu Hilfe kommen, woraus nachher sein Familienname ward.

Clossen, von.
S. Gauhen. Th. I. S. 267.

Diese süddeutsche Adelsfamilie, deren Stammschloss Clossen unweit Landau in Baiern liegt, hat ursprünglich den Namen von Mühlberg geführt. Nachdem nun aber Jörger von Mühlberg im Jahre 1130 eines Grafen von Landau Tochter geheirathet hatte, die man wegen ihres an einem abgesonderten Orte verrichteten Gottesdienstes die Clossnerin nannte, haben deren Nachkommen den Beinamen Clossner, aus dem dann Clossen geworden ist, erhalten.

Crivelli.

S. Illustr. Z. 1866 Nr. 1217.

Das Wappen der noch in Oesterreich blühenden Adelsfamilie der Herren von Crivelli auf Guddo besteht in einem von Silber und Roth gevierten Schilde, belegt mit einem Siebe, und einer auf dem Helme wachsenden Jungfrau, welche das Sieb vor sich hält. Hierüber existirt folgende Sage. Zur Zeit des römischen Kaisers Augustus kam eine vestalische Jungfrau zu Rom in den Verdacht, ihre Keuschheit nicht bewahrt und mit einem jungen Römer sträflichen Umgang gepflogen zu haben. Sie erbot sich unter Anrufung ihrer Göttin zur Erprobung ihrer Unschuld und diese befahl ihr zum Beweise derselben mit einem Siebe aus der Tiber Wasser zu holen. Die Vestalin that dies auch, schöpfte aus dem Flusse Wasser und trug dasselbe zu Jedermanns Erstaunen von da bis aufs Capitol ohne nur einen Tropfen zu verlieren. Darauf hin erklärte sie der Richter für unschuldig, sie blieb aber nicht im Dienste der Vesta, sondern heirathete den bewussten jungen Römer und die Nachkommen dieser Ehe nahmen zum Andenken in ihr Wappen ein Sieb (italienisch: crivello) und nannten sich von da an Crivelli.

Csaky.

S. Hormayr, Taschenb. 1826. S. 368.

Der eigentliche Stifter dieser ungarischen Magnatenfamilie ist ein gewisser Ugud von Csak, nach seiner gleichnamigen Burg geheissen. Sein Sohn Demeter zog (1217) im Gefolge des Königs Andreas III. von Ungarn mit nach Palästina. In der Schlacht, welche dem Angriff auf den Berg Tabor vorausging, glückte es Demetern von Csak den Anführer der Sarazenen zu erlegen, dadurch aber die Schlacht zu Gunsten des Königs zu wenden. Zur Erinnerung an diese glänzende Waffenthat beschenkte Bela IV. (1246) die Czaki's mit Chatar und erlaubte ihnen den blutenden Sarazenenkopf im Schilde zu führen.

Czernin, von.

S. Sinapius II. S. 56. Hormayr, Taschenb. 1826. S. 309 fg.

Dieses alte böhmische Geschlecht stammt aus königlichem Geblüte, von Heinrich, Fürsten von Znaim, dem Sohne Wladis-

law's I. von Böhmen (1109—1115) und Bruder Wladislaw's II.
Den Namen Czernin hat es von dem Enkel jenes Heinrichs bekommen, der seiner schwärzlichen Gestalt wegen Czernin genannt
worden war. Der Name ihres Stammhauses Chudenitz in Böhmen
verdankt aber folgender Begebenheit seinen Ursprung. Diese
Familie ward von den alten böhmischen Königen, namentlich
Ottokar I. sehr bedrückt (1199). Als nämlich derselbe seine Gemahlin Adele, Tochter des Markgrafen Otto von Meissen, verstossen hatte, und eine andere heirathete, nahm sich der Graf von
Czernin der unglücklichen Fürstin an und führte für sie das Wort,
worüber er in die Ungnade des Königs fiel und aus dem Lande
(1212) vertrieben ward; in dieser Verbannung ging es ihm aber
sehr schlecht, sodass er seinen Stand veränderte und sich nur einen
einfachen Ritter nannte. Nach Ottokars I. Tode kehrte er jedoch
wieder in sein Vaterland zurück und brachte ein Thal im Pilsener
Kreise an sich, in welchem er einem Flecken den Namen Chudenic,
d. h. armer Sitz, beilegte. Zum Andenken daran nannten sich die
Czernin, obwohl sie die reichsten Ritter in Böhmen waren, seit
jener Zeit von Chudenitz. Uebrigens ist dieser Ort von einem
der Waldsteinschen Grafenfamilie gehörigen Schlosse im König-
grätzer Kreise Chudowa, d. h. Armuth, wohl zu unterscheiden.

Nach einer anderen Sage ist der Name dieser Familie aber
aus folgender Begebenheit zu erklären. Als der Landeskämmerer
Scirnin im Jahre 1212 verbannt ward, wüthete man auch gegen
sein ganzes Geschlecht und verbrannte und zerstörte alle demselben
gehörigen Burgen. Eine Amme rettete einen zarten Knaben (Scirnin
hatte zwei Brüder, Brzetislas und Derslas, wessen Sohn derselbe
war, weiss man nicht), indem sie ihn im Chudenitzer Schlosse an
einem Feuerherde gegen den ersten Andrang versteckte und nach
dem Abzuge der feindlichen Horde gänzlich rettete. Man zeigt
noch heute im Chudenitzer Schlosse einen Schornstein, der in
seinem Innern einen Mauervorsprung hat, in welchem jene Amme
das Söhnlein des Burgherrn verbarg. Die zarte Jugend und Schönheit des Kindes sollen nun den Zorn des Königs besänftigt und
er selbst den Knaben wegen der Uebereinstimmung seiner schwarzen
Farbe (czerny im Böhm. = schwarz) mit dem Namen des alten

Scirnin den Namen Czernin beigelegt haben. Die wieder aufgebaute
Feste aber, der einzige Rest so grossen Reichthums hiess im Munde
des Volkes die Armselige (Chudenjce).

Eine dritte böhmische Sage erzählt, ein Herzog von Böhmen
habe sich einst im Walde bei der Jagd verirrt und Obdach in
einer Köhlerhütte gesucht. Der Köhler war nicht daheim, allein
seine Kinder, die im Dunkeln mit glänzenden Steinen spielten,
welche der Fürst bald als kostbare Karfunkel erkannte. Der Vater,
von seinem Handwerk der Schwarze (Czerny) genannt, kehrte endlich zurück und auf die Frage des Fürsten, wo seine Kinder diese
kostbaren Spielzeuge her hätter, ergriff er eine Kienfackel, zündete
dieselbe an und führte ihn an einen abgelegenen Ort, wo kostbare
Edelsteine bei wechselndem Monde in wirrer Ordnung ihnen ent-
gegenglänzten, und niederknieend sprach er mit entblösstem Haupte:
„Du bist mein Fürst und Herr, Alles ist Dein!" Nach seiner Rückkehr in die Köhlerhütte liess sich der Herzog weitläufig erzählen,
wie er in den Besitz dieser Reichthümer gekommen war und als
er ihn als einen nicht blos rechtschaffenen, sondern auch sehr
klugen Mann erkannte, nahm er ihn mit nach Prag, adelte ihn
und machte ihn zu seinem Kämmerling.

Dambrowky, von.
S. Sinapius II. S. 327, nach Okolski I. S. 12.

Dieses Geschlecht hat seinen Namen von der Tochter des
Herzogs Boleslas von Böhmer, Dambrowka, durch deren Vermählung mit Herzog Miecislas von Polen 965 Polen und das benachbarte Schlesien zum Christenthum übergeführt wurden. Ein Urahnherr dieses Geschlechts hat nämlich in ihren Diensten gestanden,
und hat sie ihm aus Gnaden erlaubt ihren Namen zu führen, auch
sein Stammschloss in der Lencziczischen Wojewodschaft in Polen
ebenso zu nennen.

Damm, von.
S. Sinapius I. S. 325.

Das Geschlecht derer von Damm, dessen Stammhaus Schreibers-
dorf im Fürstenthum Brieg ist, führt im weissen Schilde einen

halben blauen Fisch (einen Lachs oder Salm), dessen Kopf zur Rechten gekehrt ist. Dasselbe Wappen führt das polnische Geschlecht der Goldbok und Folgendes wird über die Begebenheit, welche ihm dieses Wappen verschafft hat, berichtet.

Es hat nämlich Boleslaus Crivoustus, König in Polen, im Jahre 1109, als er den Pommern eine Schlacht liefern wollte, Tages zuvor zu Bydgosc im Flusse Goldbok mehr als sonst gewöhnlich die Lachse aufspringen sehen. Dabei hat ein hurtiger Soldat, Namens Ratold, die Axt ergriffen und einen solchen Fisch mitten entzweigehauen, was der König für eine gute Vorbedeutung gehalten und nach erhaltenem Siege dem Soldaten das Wappen mit dem Fische ertheilt, ihm auch von dem Flusse den Namen Goldbok gegeben haben soll.

Danewitz oder Danwitz, von.

S. Sinapius I. S. 326.

Das Wappen der schlesischen und österreichischen Familie dieses Namens zeigt im weissen Schilde einen gebogenen rothen Arm, dessen Hand über sich einen schwarzen Schweinskopf bei den Kinnbacken zum Schlage fasst: auf dem Helme befindet sich ein ganz weisser Schwan.

Weil nun diese Familie lange den polnischen Beinamen Semislowsky noch in Schlesien geführt hat, so ist es wahrscheinlich, dass ihr Urahnherr in Polen auf der Jagd ein wildes Schwein bei dem Kinnbacken erwischt und demselben den Kopf mit dem Schwerte abgeschlagen hat, zu dessen Andenken ihm sein ritterliches Wappen vermehrt und ausser dem Schwane der Schweinskopf im Schilde einverleibt worden ist.

Diese Edeln haben sich von ihrem Gute Michelsdorf im Liegnitzischen auch Michelsdorfer genannt. Uebrigens haben sie mit dem polnischen Adelsgeschlechte derer von Stwolinsky ein ganz gleiches Wappen.

Debschitz, von.
S. Sinapius I. S. 327.

Das Wappen des seinen Ursprung von den Polen oder Wenden ableitenden Geschlechts derer von Debschitz zeigt ein grünes See-blatt im silbernen Felde, auf dem Helme aber einen mit einem solchen Blatte verzierten Flügel. Wahrscheinlich ist die Ursache, weshalb man dieser Familie ein solches Wappen gegeben, dieselbe gewesen wie bei einigen anderen slavischen Geschlechtern. Als nämlich einst eine slavische Armee an einen Fluss oder an einen See gekommen war und die Anführer berathschlagten, ob man solchen passiren könne oder nicht, hat sich einer von Adel und zwar ein Oberster zu Ross herzhaft mit seinem Pferde hinein-gewagt und ist glücklich darüber gesetzt und nachdem er erforscht, wo man durchkommen könne, hat er eine Seeblume, die er beim Schwimmen seines Pferdes aufgehoben, auf seinem Pferde zurück ins Lager gebracht, worauf der König, nachdem die Armee glück-lich übergesetzt worden war, dem Wegweiser die Seeblume zum Wappen ertheilt hat. Sie erbauten sich als Stammhäuser Debschitz bei Reichenbach und Schadewald; letzteres bekam, weil man des-halb einen sehr schönen Wald wegschlug, also dass es „Schade um den Wald" war, seinen Namen.

Demritz, von.
S. Sinapius I. S. 332.

Dieses schlesische Adelsgeschlecht führt als Wappen im blauen Schilde einen gelben Mond, dessen Hörner in die Höhe gekehrt sind, in und über dem Monde aber einen goldenen Stern, auf dem Helme drei Straussfedern, die mittelste gelb, die andern beiden blau. Dieses Wappen stammt aus Polen, es soll nämlich einst in einem Kriege der Polen gegen die Heiden ein tapferer Krieger bei Mondenschein einen Soldaten von der feindlichen Schildwache weggenommen haben, daher der halbe Mond, weil es zur Nacht geschehen, und ein Kreuz, weil es einem Heiden geschehen, in sein Wappen geschenkt worden ist.

3*

Dewitz, von.

S. Temme, die Volkssagen von Pommern. S. 100.

Die Familie von Dewitz führt drei Becher in ihrem Wappen. Die Leute sagen, es sei einmal ein Herr von Dewitz gewesen, der habe in der Betrunkenheit einen Herrn von Arnim aus dem Fenster des Schlosses zu Daber in den Schlossgraben geworfen. Wegen seiner Trunkenheit hat man ihm zwar das Leben gelassen, allein seine Familie musste von jener Zeit an dieses Wappen führen.

Diebitsch, von.

S. Sinapius 1. S. 332.

Dieses alte schlesische Geschlecht führt im gelben Schilde drei schwarze Adlersflügel, auf dem Helme aber sitzt ein Fuchs, einen schwarzen Hahn im Maule haltend. Der Fuchs deutet auf eine ritterliche That seines Urhebers, der entweder einen listigen Kriegsfuchs überwunden oder selbst durch kluge Kriegslisten dem Feinde grossen Abbruch gethan habe, wie in Polen die Edlen von Lis oder Bzura (lis heisst auf Polnisch Fuchs) auf dem gekrönten Helme einen Fuchs und auf dem rothen Schilde einen zerbrochenen Pfeil mit zwei weissen Kreuzen darum führen, weil unter König Kasimir I. der Urahnherr derselben die Feinde im Jahre 1058 am Flusse Bzura im krakauischen Gebiete mit einer kleinen Kriegsmacht listig überwunden, zur Loosung aber einen aufspringenden Pfeil gegeben hatte.

Dietrichstein.

S. Hormayr, Taschenbuch. 1821. S. 48.

Dieses Geschlecht, welches sich zuerst unter den jetzt lebenden österreichischen Familien des Fürstenadels erfreute, stammt von

dem Ostgothen Dietrich von Bern her, der zwischen Glaneck und
Feldkirchen in Kärnthen sich ein Schloss erbaute und demselben
den Namen Stein des Dietrich gab. Der eigentliche unmittelbare
Ahnherr der Dietrichsteine ist ein gewisser Zwetboch, der Stammvater der Grafen von Friesach und Zeltschach, deren Seitenlinie
jene bilden.

Dohna, von.

Poetisch behandelt von Hesekiel, Wappensagen. S. 66.

Das Wappen der Grafen von Dohna
zeigt ein Paar kreuzweise gestellte Hirschgeweihe und über dem Schilde eine schöne
Jungfrau. Darüber erzählt man folgende
Sage. Es soll einmal am Hofe eines deutschen
Kaisers ein Graf von Urpach gelebt haben,
der mit der jüngsten Tochter desselben einen
heimlichen Liebesbund geschlossen hatte.
Einst ist nun die Prinzessin mit ihrem Vater
auf die Jagd gezogen, ein Hirsch ist aufgesprungen und jene, blos
gefolgt von ihrem Geliebten, ist demselben voll Jagdlust nach-
gejagt, ohne an den Weg zu denken. So ist denn das Wild bis
an das Ufer der Donau geflohen, immer verfolgt von der kühnen
Jägerin. Da es sich nicht zu retten wusste, sprang es mitten in
die Wellen hinein, das Pferd der Prinzessin aber hat sich in
seinem schnellen Laufe nicht aufhalten können und ist mit seiner
Reiterin ins Wasser gesprungen, der Graf aber ist ihr gefolgt, hat
sie aus dem Strome gerettet und dann auch noch den Hirsch erlegt, wofür er zur Belohnung vom Kaiser die Hand seiner Tochter
und den Namen Donau, woraus dann Dohna ward, erhalten habe.

Dönhoff, von.

Poetisch behandelt von Hesekiel, Wappensagen. S. 66.

Die Dönhoffs führen als Wappenzeichen einen auf silbernem Schilde liegenden wilden Schweinskopf. Dieses Wappenzeichen soll daran erinnern, dass einst bei einer Jagd ein Ritter aus Dänemark die Tochter eines Fürsten, welche ein Eber mit dem Tode bedrohte, mit eigener Lebensgefahr errettet und ihr als Zeichen des Sieges den Kopf des von ihm getödteten Ebers überreicht haben soll.

Donop.

Poetisch behandelt von Hesekiel, Wappensagen S. 68.

Die Herren von Donop erhielten ihren Namen von den Worten ihres Urahns, eines tapferen niedersächsischen Ritters, die er als Ermunterung seinen Leuten bei der Erstürmung der Burg Plesse zurief: „Do nup (da hinauf)!" und weil er der erste auf der Sturmleiter gewesen war, nahm er eine rothe Leiter in sein Wappenschild auf.

Dreissigacker, von.

S. Hasche, Magaz. z. Sächs. Gesch. Bd. II. S. 68 fg. Grässe, Sächs. Sagenschatz. Bd. I. S. 114 Nr. 123.

Der Urahnherr dieses Geschlechtes hiess Melchior Wahl (starb am 22. Februar 1647 zu Dresden) und war Nachrichter zu Dresden. Er ist von dem Kurfürsten Johann Georg I. geadelt worden, weil er einmal einem Geköpften ein Stück ausgestochenen Rasen auf den Hals gelegt und ihn so an der Hand noch über 30 Acker geführt hat. Das Wappen dieses hiervon von Dreissigacker genannten Mannes war eine Justitia mit verbundenen Augen und hoch emporgehobenem Schwerte, darüber ein geschlossener Turnierhelm.

Düring, von.

Poetisch behandelt von Hesekiel, Wappensagen. S. 73.

Die Herren von Düring führen in ihrem Wappen drei Widder-
köpfe: dies soll eine Erinnerung daran sein, dass einst ihr Urahn,
ein Herr Düring von Lockstede, der sich in vielen Fehden ausgezeichnet hatte, mit seinen Söhnen so manche feindliche Veste
mit Hilfe des mit einem Widderkopfe versehenen Sturmbocks
erobert hat.

Dyhern, von.

S. Sinapius I. S. 179.

Auf den Turnieren zu Cölln am Rhein im Jahre 1179 und
zu Worms im Jahre 1209 waren schon ein Siegfried und ein
Ottfrey von Dern anzutreffen. Man hat nun gesagt, dieser Name
Dern oder Deraw heisse soviel als wegnehmen, wie etwa der Oder-
Fluss bald diesem zugiebt, bald jenem wegnimmt, wenn er mit
Gewalt kommt. Allein wahrscheinlicher ist es, dass ihr Name
eigentlich Dyherrn war und sie denselben daher erhielten, weil
gleich wie vor Alters bräuchlich war, die Grafen quasi Grafherren
und die vornehmsten des Adels „die Herren" zu tituliren, also
man sie auch ihres hohen Standes wegen erstlich als Grafen gescholten hat, bis darnach durch Krieg und andere Zufälle es mit
ihnen dahin gekommen ist, dass man sie nur noch die Herren genannt hat und dieser Titel in einen adeligen Zunamen verwandelt
worden ist, also dass sie nunmehr von Dyherrn genannt wurden.

Dziembowsky, von.

S. Sinapius II. S. 600, nach Okolski T. II. p. 467.

Diese Familie führt, wie ihr Stamm, die polnische Familie
Pomian, ein blaues Schild, worin ein schwarzer Büffelskopf, von
dessen rechtem Horne ein blosses Schwert herabhängt: auf dem
gekrönten Helme befindet sich eine geharnischte Hand mit einem
blossen Schwerte. Anfänglich führten sie wie die Familie von

Wieniawa nur einen Büffelkopf mit einem Ring im Maule, nachdem aber Lasthek, Chebda von Grabie, seinen leiblichen Bruder, Dechanten zu Gnesen, auf dem Gute Lubnaw erschlagen, so ist durch Urtheil König Wladislaw's II. die Linie von Wieniawa oder Perschten bei ihrem früheren Wappen verblieben, der anderen aber der Ring vom Büffelkopfe weggenommen und das Schwert als ein Zeichen verübter Mordthat beigefügt, auch selbige Pomian, d. h. denke daran (an die Veränderung des Wappens), genannt worden.

Eberstein, von.
Erste Sage.
S. Illustr. Zeitung 1868, Nr. 1299.

Die das Schloss Eberstein bei Baden-Baden bewohnenden Grafen von Eberstein führten vor dem Jahre 938 als redendes Wappen einen wild um sich hauenden Eber in Gold: allein als Kaiser Otto in jenem Jahre einen dieser Grafen mit seiner (Tochter oder) Schwester vermählt hatte, sendete er ihn einmal als Gesandten an den Papst nach Rom. Weil es sich nun schickte, dass derselbe am Sonntag Lätare (auch der Rosensonntag genannt) in Rom war, wo der Papst eine goldene Rose in der Hand trägt, die Jedermann sehen kann, und dann irgend Jemandem, dem er eine Auszeichnung zu Theil werden lassen will, zu verehren pflegte, hatte er das Glück, solche in einem weissen Tuche zum Geschenk zu bekommen. Otto setzte ihm nun eine rothe Rose, welche einen Saphir in der Mitte hatte, als Wappen in sein silbernes Feld.

Eberstein, von.
Zweite Sage.
Lucä, des h. Röm. Reichs uralter Grafensaal. (Frankfurt a. M. 1702.) S. 949.

Die alten Grafen von Eberstein stammen von den zwölf Welfen oder Söhnen Isenhards und der Irmentrud ab, von denen unter „Hund" die Rede sein wird. Ein Graf Eberhard von Eberstein lebte um 900 und heirathete Kaiser Heinrichs I. Tochter Hedwig, die derselbe mit Mechtild, des Grafen Dietrichs von Ringelheim Tochter, gezeugt hatte. Er wohnte zu Hohentwiel im Hegau und war zu dieser Besitzung gekommen, man weiss nicht wie, wahrscheinlich durch kaiserliche Schenkung. Einst ward er vom Kaiser nach Rom als Gesandter geschickt und kam hier gerade am Sonntag Lätare, der sonst auch der Rosensonntag heisst, wo der Papst der Prozession beiwohnt und bei dieser Feierlichkeit eine Rose trägt, an. Nach vollbrachter Festfeier schenkte ihm der Papst diese Rose auf einem weissen Tuche, die rothe Rose nämlich, in deren Mitte ein blauer Saphir steckte. Er brachte später diese Rose nach Braunschweig und zeigte sie seinem Schwager, welcher sie, d. h. die rothe Rose im weissen Felde, sammt dem Saphir in der Mitte zum Andenken dem Grafen von Eberstein ins Wappen setzte.

Echter von Mespelbrunn.
S. Salon 1875, Nr. 12, S. 1434.

Das Geschlecht der aus Tyrol stammenden adeligen Familie Echter trägt im blauen Wappenschild einen silbernen Schrägbalken mit drei blauen Ringen. Darüber erzählt man sich zwei Sagen.

Nach der einen hatte Friedrich Barbarossa die raublustigen Echter, welche im Odenwald auf der Burg Weckbach hausten, geächtet, und als er selbst gegen ihre Burg zog, flüchteten drei Brüder dieses Namens in den Spessart. Der eine baute sich eine Hütte bei Partenstein, der zweite bei Lindenfurt und der dritte an einer Quelle, dem sogenannten Espenbrunnen. Zuweilen kamen sie auf einem Berge zusammen, wo jetzt das Jagdhaus zum Jockel steht. An einen Pfahl mit drei eisernen Ringen banden sie ihre Rosse und nahmen zum Andenken daran später in ihr Wappenschild einen silbernen Pfahl mit drei eisernen Ringen auf.

Nach der anderen Sage hätte einst ein Kurfürst von Mainz im Spessart an einem Orte gejagt, wo eine Quelle ihre Ringe aufsteigen liess. Weil aber der Forst sehr düster war, gefiel es dem Kurfürsten nicht daselbst. Da sagte einer seiner Begleiter,

Namens Echter: „Gnädiger Herr, gebt mir ein Stück von diesem Forste, ich reute ihn aus und erbaue für Euch hier ein Jagdschloss, wo Ihr von den Mühen der Jagd Euch ausruhen könnt." Dem Kurfürsten gefiel der Vorschlag und Echter lichtete nun den Wald um die Quelle. Wo der Landesherr sich ausgeruht, stand ein Mispelbaum, und diesem zum Zeichen nannte der Ansiedler den Ort Mespelbrunn, sich selbst aber schrieb er Echter von Mespelbrunn. Wie die Ringe aber in der Quelle aufstiegen, um als Bächlein fortzufliessen, so gab der Kurfürst dem Echter in den blauen Wappenschild, der den schweigsamen dunkeln Forst bedeuten sollte, einen silbernen Schrägbalken mit drei blauen Ringen.

Eckwersheim, von.
S. Stöber, Sagen des Elsasses. S. 137 fg.

Der Ritter Hans Marx von Eckwersheim hatte in der Schlacht bei Nancy gegen Karl den Kühnen unter dem Banner von Strassburg tapfer mitgekämpft, auch den reichen Grafen von Nassau gefangen genommen, auf sein Schloss Bilstein geführt und nur nach Bezahlung eines sehr hohen Lösegeldes wieder entlassen. Allein späterhin gerieth er in einen Process mit dem bischöflichen Amtmann in Zabern, Anton Wilsperg; dieser überfiel ihn, als er zu Dambach im Bade sass und hieb ihm mit einem gewaltigen Schwertstreich beide Hände ab. Zum Andenken an diese grausige That hat seine Familie seitdem zwei abgehauene Hände in ihrem Wappen geführt.

Eggenberg, von.
S. Illustr. Zeit. 1866. Nr. 1218.

Das Wappen des steiermärkischen Adelsgeschlechts von Eggenberg, das später zur reichsfürstlichen Würde emporstieg, besteht aus drei schwarzen Adlern im silbernen Felde, und hat folgenden Ursprung. In der Schlacht bei Göllheim (2. Juli 1298) fochten drei Brüder dieses Geschlechts unter König Albrechts Fahnen gegen Adolf von Nassau.

Alle drei wurden schwer verwundet und mussten aus der Schlacht-
reihe treten, da sahen sie plötzlich am Horizont drei Adler in
Dreiecksform fliegen. Sie hielten dies für ein günstiges Zeichen
und stürzten sich wieder in's Schlachtgewühl. Da sahen sie, wie
ihr Lehnsherr seinen Gegner Adolf vom Pferde herabstürzte, wie.
aber auch aus dem feindlichen Heere mehrere Ritter herbeieilten,
um dessen Fall zu rächen. Albrecht wäre verloren gewesen,
hätten sich die drei Eggenberge nicht seinen Gegnern zur Abwehr entgegengeworfen; es gelang ihnen auch, sie abzuhalten,
allein nach gewonnener Schlacht fand man sie neben einander
todt auf der Wahlstätte niedergestreckt. Zur Erinnerung an diese
Waffenthat erhielt später ihre Familie dies redende Wappen.

Eickstedt, von.
Poetisch behandelt von Hesekiel, Wappensagen. S. 77.

Die Herren von Eickstedt, welche
man zu Erfurt, wo sie als Vicedomini zu
Gerichtsassen, Vizthume von Erfurt nannte,
sind mit dem Ascanier Albrecht dem Bären
aus Franken in die slawisch-wendischen
Marken gekommen und haben sich in
Pommern, wo sie später die Kämmerer-
würde erhielten, angesiedelt. Ihr Wappen zeigt im goldenen
Schilde zwei Eichbalken, weil sie früher an Stätten, wo Eichen
standen, zu Recht sprachen, und als Helmzier führen sie einen
arabischen Raben auf einem Eichenstumpfe, d. h. einen grünen
Papagei, den einst ein Eckstedt aus den Kreuzzügen mitbrachte.

Einsiedel, von.
S. Grässe, Sächs. Sagenschatz Bd. I. S. 283. Nr. 319;
nach Stumpf, Schweizerchronik (Zürich 1548). S. 106.

Im Jahre 830 lebte in Böhmen (Schwaben) ein Graf Berthold von Sulgow. Nachdem
seine Ehe lange kinderlos geblieben war, that
seine Gemahlin das Gelübde, wenn ihr Gott
einen Sohn schenken werde, denselben dem

Dienste des Herrn zu weihen. Plötzlich ward sie schwanger und
gebar einen Sohn, der in der Taufe den Namen Meginrad erhielt.
Derselbe trat aber nicht in ein Kloster, sondern schlug seine
Wohnung in einem Walde, in der Nähe des Züricher Sees, auf,
wo er als Einsiedler lebte, sich aber, weil damals das Cölibat noch
nicht eingeführt ward, eine Frau nahm und mit ihr mehrere
Kinder zeugte. Seine Nachkommen blieben an demselben Orte,
bis einer derselben, Namens Grubo, im Jahre 1281 die Einsiedler-
kutte mit dem Harnisch vertauschte und ein tapferer Kriegsmann
ward. Indess blieb ihm der Name Einsiedel und derselbe erbte
auf seine zahlreichen Nachkommen fort. Nach einer anderen Sage
stammen sie jedoch nicht von dem h. Märtyrer Meginrad ab,
sondern nur von einem Mönche des Klosters Einsiedeln, das bekanntlich im Jahre 913 an derselben Stelle erbaut ward, wo einst
die Einsiedelei dieses frommen Mannes gestanden hatte. Dasselbe
ward nämlich endlich so überfüllt, dass mehrere seiner Bewohner
auswandern und sich anderswo einen Aufenthaltsort suchen mussten. Einer von diesen, der aus Meissen stammte, kehrte in seine
Heimath zurück, widmete sich aber dem Kriegsdienste. Es gelang
ihm, Ehre, Ruhm und Reichthum zu erwerben; er heirathete, behielt aber den Namen Einsiedel von seiner ersten Bestimmung
und wurde so der Ahnherr der von Einsiedel.

Eltz, von.
S. Illustr. Zeit. 1868. Nr. 1303.

Die Herren Faust von Stromberg, die im J. 1729 ausstarben,
haben in ihrem quadrirten Wappen ein Quartier von Roth und
Gold fünfmal geschacht und den obersten (ersten) goldenen Schach
mit einem schwarzen Sterne belegt. Die Entstehung dieses Wappens war folgende. Ein Stromberg spielte einst mit seinem Lehn-
herrn, einem Pfalzgrafen am Rhein, Schach. Sie wurden jedoch
uneinig und der Pfalzgraf schimpfte den Stromberg, worauf dieser
mit der Faust nach ihm schlug. Nun zog der Pfalzgraf das Gut
Stromberg ein, und der Kaiser bestrafte den Stromberg damit,

dass er und seine Nachkommen sich Faust schreiben und das
Schachbret im Wappen führen mussten. Der schwarze Stern in
Gold soll an den Faustschlag erinnern. Die Grafen von Eltz
nahmen als nächste Verwandte der ausgestorbenen Familie dieses
Wappen in ihren Schild auf.

Ende, von.

S. Peccenstein, Theatrum Saxon. Th. I. S. 102.

Dieses alte Geschlecht, dessen schon auf
dem fünften zu Braunschweig 996 abgehaltenen
Turnier gedacht wird, hat ursprünglich den
Namen der Wolfersberger geführt. Diese sind
mit den Wolfskehlern, einem fränkischen Geschlechte, in einen langwierigen Streit gerathen,
und da dessen kein Ende hat werden wollen,
hat sich ein sächsischer Fürst hineingemischt.
Weil aber die von Ende unversöhnlich waren, so soll er gesagt
haben, es müsse endlich ein Ende nehmen, und hat einen Macht-
spruch gethan, in Folge dessen die Wolfersberger den Namen
Ende empfangen und angenommen haben.

Eyb, von.

S. Illustr. Zeit. 1867. Nr. 1246.

Das Wappen der Freiherren von Eyb bis zum
Jahre 1352 bestand aus einem Pfauenhalse auf
Helm und Schild, allein Ludwig II. von Eyb, der
1341 ins gelobte Land zog, erhielt nach seiner
Rückkehr vom Kaiser auf sein gestelltes Er-
suchen, dass er der letzte seines Stammes sei,
ein neues Wappen, drei Meermuscheln in
Silber, weil er nach Palästina gezogen war,
auf dem Helme eine goldene Krone, weil er des Kaisers treuer
Diener gewesen war, und in der Krone einen halben Pfau mit

Schwanenflügeln. Die Kaiserin, deren Hofmeister er gewesen, verehrte ihm bei dieser Gelegenheit einen Ring mit einem Türkis und bedeutete ihm, dass der Pfau auf dem Helme selbigen zum steten Andenken um den Hals tragen solle.

Falkenstein, von.

S. Schnezler, Badisches Sagenbuch. Karlsruhe 1846. Bd. II. S. 411.

Noch heute sieht man die Ueberreste einer Burg Falkenstein über den Abgründen der sogenannten Höllenschlucht nicht weit von dem sogenannten Himmelreich bei Freiburg. Einst zog der Besitzer dieser Burg, Ritter Kuno von Falkenstein zum heiligen Grabe, zerbrach aber zuvor seinen Trauring und liess die eine Hälfte seiner Gemahlin mit dem Bedeuten, dass, wenn er in sieben Jahren nicht zurückgekehrt sei und den Ring nicht aufs Neue vereinige, sie ihn für todt und ihre Ehe als aufgelöst ansehen könne. Er kämpfte tapfer im christlichen Heere, fiel aber zuletzt in die Hände der Sarazenen und musste Jahre lang in bitterer Gefangenschaft schmachten. Zwar gelang es ihm, endlich zu entkommen, aber wie hätte er ohne Kenntniss des Landes und Weges sich wieder nach Hause finden können? Da trat einst des Nachts der böse Feind auf ihn zu und sagte ihm hohnlachend, dass so eben das siebente Jahr zu Ende gehe und seine Gemahlin im Begriff stehe, ihre Hand einem benachbarten Ritter zu reichen. Er machte ihm nun den Vorschlag, ihn bis zum nächsten Morgen in seine Heimath zu bringen, dabei solle sogar seine Seele ungefährdet bleiben, wenn es ihm gelänge sich während der unermesslichen Reise des Schlafes zu enthalten. Auf die Zusage des Ritters verwandelte sich der Böse in einen Löwen, der Ritter bestieg den Rücken und das Thier trug ihn über Länder und Meere dahin. Allein schon konnten seine erschöpften Kräfte dem andringenden Schlafe keinen Widerstand mehr leisten und seine Augenlider schlossen sich, siehe da flog plötzlich ein Falke herbei, setzte sich auf das Haupt des Ritters und hielt den Schlaftrunkenen mit seinem Schnabel und dem Schwunge seiner Flügel wach. So gelangte er gerade noch zu rechter Zeit in die Nähe seines Schlosses, als der Brautzug aus der Kirche kam, er mischte sich unter denselben, als er aber beim Mahle seiner Gemahlin einen Becher zubrachte, liess er die zurückbehaltene Hälfte seines Ringes in denselben fallen, und als sie diess bemerkte, warf sie auch die ihrige hinein, worauf beide Hälften sich vereinigten. Jetzt ward Kuno von allen Anwesenden erkannt und trat wieder in seine Rechte ein. Seine Ehe, die früher kinderlos geblieben war, ward nun gesegnet und er und seine Nachkommen nahmen nun aus Dankbarkeit gegen seinen Retter, den Falken, einen Falken mit geschwungenen Flügeln in ihr Wappen auf.

Finck von Finkenstein.
Poetisch behandelt von Hesekiel, Wappensagen. S. 86.

Das Wappen der Herren von Finkenstein enthält zwei Monde und einen Stern. Dasselbe soll seine Entstehung daher haben, dass einst zwei Brüder Finke zu Zürich, als Patricier angesessen und zwei Monde im blauen Schilde als Wappenzeichen führend, eine Patriciertochter aus dem erloschenen Geschlechte der Sterner, welches wiederum als Wappenzeichen einen Stern führte, liebten. Der jüngere Bruder beschloss freiwillig dem älteren zu weichen und zog nach Preussen gegen die dortigen Heiden. Der ältere aber heirathete das Fräulein, allein er bemerkte bald, dass dasselbe eigentlich seinen abwesenden Bruder liebe. Das brach ihm das Herz, er starb und nun vermählte sich sein inzwischen zurückgekehrter Bruder mit seiner verwittweten Schwägerin, nahm den Stern ihres Wappens in das seinige und zog mit ihr nach dem fernen Preussenlande, wo er reiche Besitzungen erwarb.

Fleming, von.
S. Sinapius II. S. 73.

Das alte Geschlecht der Grafen und Freiherren von Fleming stammt von der römischen Adelsfamilie der Flaminier her, welche zur Zeit als Rom die Insel Britannien unterjochte, dorthin kamen und sich in England, Schottland und Irland niederliessen. Von dem schottischen Zweige stammen die pommerschen Fleminge ab, denn vor ohngefähr 1100 Jahren hat sich beim Ausbruch von Unruhen in Schottland ein Fleming von da nach Pommern auf einem wohlausgerüsteten Schiffe begeben und sich dort das Schloss Bake gebaut und von da sind sie dann nach der Mark, Sachsen, Thüringen, Preussen, Schweden, Finnland, Liefland, Norwegen und Holstein gekommen.

Forgach, von.

S. Illustrirte Zeitung. 1868. Nr. 1307. Poetisch behandelt von Hesekiel,
Wappensagen. S. 90.

Im Jahre 1384 ward der Graf Blasius I. von Forgach Mundschenk der Königin Maria von Ungarn. Da gelang es Karl dem Kleinen, König von Neapel aus dem Hause Anjou, sich des Schlosses von Ofen zu bemächtigen und die Königin gefangen zu nehmen. Als nun die Feinde bei festlicher Tafel ihren Sieg feierten, da wagte der treue Mundschenk sich in den Speisesaal zu schleichen, und während die Sieger sich einander zutranken und keinen Gedanken an Gefahr hatten, hieb er plötzlich mit einem Streiche dem Könige den Kopf vom Rumpfe und es gelang ihm nicht blos in dem Getümmel selbst zu entkommen, sondern auch die Königin und ihre verlassene Tochter zu retten und in Sicherheit zu bringen. Als Anspielung auf ihre damalige verzweifelte Lage verlieh ihm die später wieder zur Macht gekommene Königin als Wappen in Blau (dem Sinnbild der Treue) statt des weissen Wolfes, den sie früher darin führten, ein nacktes junges Weib bis an den halben Leib, mit vor sich gebundenen Händen, fliegenden, blonden Haaren und die königliche Krone auf dem Haupte.

Franckenberg, von.

S. J. Sinapii, Schlesische Curiositäten. Leipzig 1720. I. S. 29.

Die schlesische Grafenfamilie derer von Franckenberg stammt von dem messenischen General Aristomenes in Griechenland ab, der ums Jahr d. W. 3541 lebte. Denn als dieser von den Lacedämoniern gefangen und in eine gemauerte Grube geworfen worden war, wo er Hungers sterben sollte, hat ein Fuchs, der durch ein enges Loch unter der Mauer in dieselbe eingedrungen war, durch Auskratzung dreier Ziegel ihm die Möglichkeit verschafft herauszukommen, weshalb man ihm die drei Ziegel im Schild und den Fuchs auf dem Helme als Denkmal gesetzt hat.

Fugger, von.

S. Illustr. Zeitung 1868. Nr. 1307.

Der Handelsherr zu Augsburg, Ulrich Fugger, hatte im J. 1473 den Kaiser Friedrich III., als sich derselbe auf seinem Zuge nach Trier zu Augsburg aufhielt, und den ganzen kaiserlichen Hofstaat mit goldgestickten seidenen und wollenen Gewändern versehen. Für diesen Dienst erhielt er von ihm das vertical getheilte Wappen mit der goldenen und blauen Lilie. Die schwarzgekleidete Mohrin mit rother Bischofsmütze ist von dem Wappen der Grafschaft Kirchberg entnommen, die Jacob von Fugger im Jahre 1507 vom Kaiser Maximilian pfandweise erhielt.

Gaffron, von.

Poetisch behandelt von Hesekiel, Wappensagen. S. 97.

Die schlesische Adelsfamilie der Herren von Gaffron führt als Wahlspruch die Devise Si perdidisti honorem omnia perdidisti (Ehre verloren, Alles verloren) auf ihrem Banner seit der Schlacht bei St. Margareth in Ungarn (13. November 1677), wo ein Ritter Max von Gaffron ganz allein den Rückzug der kaiserlichen Truppen gegen die nachstürmen-

den ungarischen Reiter deckte und nachdem er drei Pferde unter
sich verloren hatte, seine Tapferkeit mit seinem Leben bezahlte.
Im Wappen führen sie zwei Stierhörner und einen dreifach be-
kränzten Helmkamm als Symbol, dass Ehre, Milde und Treue die
Loosung ihres Geschlechtes ist.

Gellhorn, von.
S. Sinapius I. S. 386.

Dieses uralte, zum Theil reichsgräfliche
Geschlecht soll seinen Namen vom Schallen
oder Gellen des Jägerhorns erhalten haben.
Man sagt nämlich, ums Jahr Chr. 931 unter
Kaiser Heinrich I., geborenem Herzog von
Sachsen, habe in dessen blutigem Kriege gegen
die Wenden und Hunnen ein gewisser Jäger, der
sich auf einer Anhöhe befunden und gewahr geworden sei, dass das
Regiment des Kriegsobersten, bei dem er in Diensten gestanden, zu
weichen angefangen, deshalb schnell sein Jägerhorn ergriffen, in
dasselbe tapfer geblasen und durch dessen bekanntes Schallen und
Gellen auch die Flüchtigen wieder zurückgerufen, also dass sie
den Feind ritterlich angegriffen und überwunden hätten, zu dessen
ruhmwürdigem Gedächtniss sei der gedachte Jäger geadelt worden
und habe in sein Wappenschild das Jägerhorn, nebst dem Namen
Gellhorn erhalten.

Geraltowsky, von.
S. Sinapius I. S. 389. nach Okolski T. III. p. 94.

Das Wappen dieser ursprünglich schlesischen Familie zeigt einen schwarzen Adler
ohne Kopf im weissen Schilde. Sie hatten den
Adler von dem deutschen Kaiser ins Wappen
erhalten, nachmals aber, als unter den Brüdern
der väterlichen Güter wegen Uneinigkeit entstanden war und dabei einer den andern ums Leben
brachte, mussten die Descendenten des Thäters

zur Strafe den Adler ohne Kopf führen, bis Einigen wegen eines
über die Feinde des Kaisers erlangten herrlichen Sieges verstattet
ward, statt des Kopfes einen Stern auf den Adler zu setzen. Nach
Polen sind sie ums Jahr 1380, zur Zeit des Königs Jagello, gekommen und dort führen sie den Namen Saszor oder Orla, aus
welchem Hause die Linie der Geraltowsker herstammen soll. Das
Wappen ist dasselbe.

Gersdorf, von.

S. Sinapius 1. S. 390. Grässe, sächs. Sagenschatz. Bd. II. S. 110. Nr. 722.

Dieses zum Theil in den Freiherren- und Grafenstand erhobene
Geschlecht soll seine Abkunft von einem gewissen Heinrich Steindorff, einem tapferen Soldaten zur Zeit Herzog Rudolphs von Burgund im Jahre 919 ableiten und soll er diesen Namen zum Andenken der von ihm in einem Stück Gerstenacker wiedergefundenen
burgundischen Prinzessin erhalten haben, also dass sein Name
eigentlich Gerstorf geschrieben werden müsste. Es wird aber diese
Begebenheit folgendermassen erzählt.

Obgedachter Herzog hatte einen Mann hinrichten lassen, der
aus den Frauengemächern seines Schlosses eine Hofjungfer entführt hatte. Der Sohn dieses Mannes nun begab sich, um den Tod
seines Vaters zu rächen, verkleidet als eine Magd, nach Hofe,
nahm als solche einen Dienst an, führte sich treu auf und machte
sich, weil ihn alle für eine Magd hielten, sehr beliebt. Nachdem
er nun seine Gelegenheit absah, lockte er bei Nacht die Prinzessin,
Tochter des Herzogs, vor das Schlossthor, unter dem Vorwand,
dass er ihr etwas Absonderliches zeigen wolle. Als sie ihm nun
dahin gefolgt war, ergriff er sie, stopfte ihr den Mund mit einem
Schnupftüchlein zu, dass sie nicht schreien konnte, warf die Weibs-
kleider, um nicht erkannt zu werden, weg und wanderte also mit
derselben fort. Bei Anbruch des Tages aber versteckte sich der
Entführer nahe bei einem Dorfe in ein Feld, worauf hohe dicke
Gerste stand, um darin etwas auszuruhen. Nachdem man nun die
Fürstin bei Hofe vermisst hatte, entstand darüber, wie leicht zu
vermuthen war, ein grosses Klaggeschrei und es ward Befehl ge-

4*

geben, auf allen Strassen dem Entführer nachzusetzen und zu versuchen die Prinzessin wieder zu bekommen. Da denn nebst Anderen, die deshalb ausgeritten waren, dieser Heinrich Steindorff das Glück gehabt hat, den Entführer sammt der Prinzessin in einem Gewände verwirrter Gerste anzutreffen. Er fasste den Räuber, schlug ihm im ersten Grimm einen Schenkel entzwei, brachte ihn nach Hofe zurück und übergab die Prinzessin dem Herzog und seiner Gemahlin, worauf der ganze Hof mit Freuden erfüllt, Heinrich Steindorff aber sammt seinem Vater Erasmus Steindorff im Beisein vieler Fürsten und Herren geadelt und zu Rittern geschlagen wurde; er empfing drei Städte und etliche Dörfer vom Herzog, ward auch darauf an ein gräfliches Fräulein von Dorneck aus dem herzoglichen Frauenzimmer verheirathet. Er zeugte mit ihr fünf Söhne, Rudolph Georg, Sigismund, Kaspar, Hieronymus und Heinrich, und durch diese hat sich das Geschlecht aus Burgund in Sachsen, Lausitz, Böhmen, Schlesien und anderen Ländern so verbreitet, dass in der Schlacht bei Pavia 1525 siebenundzwanzig und 1529 bei der Belagerung von Wien gar dreiundsechzig Ritter dieses Namens kämpften, ja bei einer Zusammenkunft dieses Geschlechts zu Zittau erschienen ihrer (1527) gar zweihundert mit fünfhundert Pferden. Nicolaus Gerstorf, der Urenkel obgedachten Steindorffs, erzeugte mit seiner Gemahlin, einer Helena von Maltitz, Zwillinge, einen Knaben, der Babo, und ein Mädchen, das Ruth getauft ward, und als diese frühzeitig starben, erbaute er zu ihrem Gedächtniss ein Schloss Baboruth oder Baruth (1015) in den Lausitzer Wäldern.

Glaubitz, von.
S. Sinapius I. S. 401.

Der Name dieses zum Theil freiherrlichen Geschlechtes soll von den Warnungsworten „Glaub jetzt" unter Kaiser Karl IV. herrühren. Man erzählt nämlich, der Urahnherr dieser Familie sei ein treuer Diener Kaiser Karls IV. gewesen, der diesen oft gewarnt, er solle doch im Kriege und im offenen Kampfe seine Person nicht so leichtsinnig aufs Spiel setzen. Es habe aber der Kaiser immer aus dieser treuen Warnung nur ein Scherzgelächter gemacht.

Als nun aber einstmals an der Seite des Königs ein vornehmer Cavalier mit dem Pfeile eines Flitzbogens heruntergeschossen worden sei, habe sich der König heftig entsetzt. Indem nun der treue Diener den erschrockenen König mit den Worten: „glaub jetzt! glaub jetzt!" angeredet, sei solches die Gelegenheit gewesen, dass er demselben in Anbetracht seiner anderweitigen Verdienste den Adelsstand conferirt und mit dem Geschlechtsnamen Glaubitz zum Andenken seiner Warnung begnadigt hätte. Da nun aber Kaiser Karl IV. erst 1347 König in Böhmen und 1349 Kaiser ward, 1335 aber schon ein Peschko Glubez als angesehener Cavalier am Hofe des Herzogs Boleslaus zu Lieguitz erwähnt wird, so wird obige Begebenheit nicht unter Karl IV., sondern unter dem böhmischen König Primislaus Ottocar geschehen sein, der in seinem Exil in Deutschland zweifelsohne die deutsche Sprache erlernt hatte und dessen Tochter Anna nachmals an Heinrich den Frommen vermählt ward, mit welcher die Herren von Glaubitz vermuthlich aus Böhmen nach Schlesien kamen. Sie führen im blauen Schilde einen Karpfen rechtwärts gekehrt und mit rothen Flossfedern, nur ist dieser Fisch bei denen aus dem Hause Altengabel in der Mitte nicht gebunden (daher diese die ungebundenen Glaubitze heissen), bei denen aber aus dem Hause Brieg mitten mit einem rothen Bande umwunden (daher die gebundenen Glaubitze genannt). Diese Distinction rührt daher, weil einer dieser vornehmen Geschlechtslinie bei einem späteren Könige von Böhmen in ganz besonderer Gunst gestanden hatte und als dieser ihm hiess, sich eine Gnade auszubitten, verlangte, dass er die rothe Binde, die er im Felde getragen hätte, im Wappen führen dürfte.

Göler, von.
S. Illustr. Zeit. 1867. Nr. 1249.

Das Wappen der in drei Linien zerfallenden Familie von Göler in Baden ist ein schwarzer Rabe in Silber: derselbe deutet auf ihre Abkunft von dem Römer Valerius Corvinus hin.

Götz, von.

Poetisch behandelt von Hesekiel, Wappensagen. S. 103.

Die Familie von Götz führt als Zeichen in ihrem Wappen einen Lindenzweig und auf dem Ritterhelme eine Honigwebe und Bärtatze. Dieses redende Wappen soll ihnen aus folgender Ursache gegeben worden sein. Einst soll ein deutscher Kaiser sich auf der Jagd, indem er allzu hitzig einen Hirsch verfolgte, von seinem Gefolge getrennt und den Weg verloren haben. Vergeblich stiess er ins Hifthorn und rief seine Begleiter herbei, ein einziger aus der grossen Zahl seiner Jäger hörte den Ruf und gelangte bis zu ihm. Leider war aber auch er des Weges unkundig, sie irrten bis zum Abend in dem dichten Walde herum ohne einen Ausweg finden zu können. Schon war der Kaiser erschöpft von Hunger, Durst und Mattigkeit unter einem Baume niedergesunken, da sah der Jäger, welcher den Namen Götz führte, die Spur eines Bären am Boden, er folgte derselben und fand den Bär, als er gerade einen, in einem Lindenbaum befindlichen wilden Bienenschwarm seiner süssen Speise beraubte. Es gelang ihm denselben zu tödten, schnell eilte er zum Kaiser zurück und stärkte ihn mit dem mitgenommenen Honig. Der Kaiser raffte sich auf um den Bären selbst zu sehen und fand ihn verendet unter dem Baume, mit der rechten Tatze noch fest die Honigwabe haltend. Zum Andenken gab nun der Kaiser seinem Jäger einen Lindenzweig ins Wappen, weil seine tapfere Hand den Bären unter einem Lindenbaume erlegt hatte, und verlieh ihm ausserdem noch die sonst so wichtige Stelle eines kaiserlichen Zeidelmeisters.

Golkowsky, von.

S. Sinapius. II. S. 144, nach Okolski III. p. 189.

Diese Familie stammt von dem polnischen Hause Strzenie ab und führt im rothen Schilde einen gelben Steigbügel. Als nämlich unter Boleslaus Chrobry im Jahre 1108 einer von den

polnischen Kriegern mit dem Pferde gestürzt war und seinen Fuss
vom Steigbügel freimachen wollte, drangen die Feinde auf ihn ein,
allein gleichwohl hat er einen in dieser Lage noch getödtet, den
andern aber verwundet gefangen genommen und dafür den Steigbügel ins Wappen bekommen.

Gröben, von.

Poetisch behandelt von Hesekiel, Wappensagen. S. 106.

Die Herren von Gröben führen eine rothe
Greifenklaue und eine silberne Lanze im
silbernen Schilde. Diese Familie hatte nämlich den Namen der Greifen, aus dem dann
Gröben wurde: weil sie aber stets tapfer für
den katholischen Glauben gestritten haben,
hat man ihnen auch noch einen Cardinals-
hut mit goldenen Quasten dazu gegeben.

Grodis oder Groditzky, von.

S. Sinapius I. S. 414, nach Okolski. T. II. p. 560.

Dieses aus Polen nach Schlesien gekommene
Geschlecht soll um das Jahr 1062 unter Boleslas
dem Kühnen von einem sarmatischen Kriegsobersten, Namens Radwan, gegründet worden sein.
Dieser ward nämlich mit den Seinen auf Kund-
schaft ausgeschickt, gerieth aber in das feindliche russische Lager und kämpfte anfangs glücklich, dann aber unglücklich gegen die Feinde,
büsste seine Kriegsfahne ein und musste flüchten. Er eilte aber in
das nächste Dorf, holte aus der Kirche diejenige Fahne, deren man
sich sonst zu Processionen zu bedienen pflegte, und begab sich mit derselben wieder in den Kampf, da denn die Sarmatier ihren Obersten
erkennend, neuen Muth fassten, die Feinde aber meinend, dass Ent-
satz komme, den ihrigen sinken liessen und übermeistert wurden

Worauf er vom König geadelt und ihm in sein Wappen im blutigen Felde die Kirchenfahne, darüber in deren Mitte das Kreuz, auf dem gekrönten Helme aber Straussfedern gesetzt wurden.

Grünwald, von.

S. Gauhen, Adelslexicon II. S. 382.

Diese lausitzer Adelsfamilie gehört nicht zu dem Geschlechte jenes Johannes von Grünwald, der 1443—45 Bischof von Freising war, denn dieser war ein natürlicher Sohn Herzogs Johann von Baiern. Der eigentliche Name der lausitzer Grünwalde war Klinkebeil oder Klingenbeil. Weil aber ihr Ahnherr, Jacob Klinkebeil, herzogl. merseburgischer Amtskammerrath und Salzhauptmann zu Guben, der sich durch seine gedruckten Dichtungen, insonderheit den heilig Lob erschallenden Grünwald bekannt gemacht hatte, vom Kaiser Leopold, dem er das letztgedachte Dichtwerk gewidmet hatte, unter diesem Namen geadelt ward, haben seine Nachkommen diesen Namen fortgeführt.

Gruttschreiber, von.

S. Sinapius I. S. 117.

Dieses uralte schlesische Geschlecht stammt wahrscheinlich aus Neidersachsen, von der freiherrlichen Familie derer von Grote ab, welches von Otto von Braunschweig, den man seiner Länge wegen den Grossen oder den Groten genannt hat, seinen Namen führt. Der Name Schreiber soll aber bedeuten, dass einer dieses Geschlechtes bei irgend einem Fürsten die Stelle eines Kanzlers bekleidet hat. Ihr altadeliges Wappen besteht in einem vorwärts aus dem goldnen ins blaue Feld von der Linken zur Rechten des Schildes aufwärts springenden weissen Hunde mit einem schwarzen über den Rücken und über den gekrümmten Schweif sich hebenden Zobelsstreifen, aus dem aufgesperrten Rachen hervorschlagender rother Zunge und güldenem Halsbande nebst einem gegen den Nacken angehefteten Ringe oder Schelle. Aus diesem Wappenbilde ist nun das undenkliche Alter dieses Geschlechtes abzunehmen und ohne Zweifel soll damit die Treue, Wachsamkeit, Starkmüthigkeit und der Gehorsam, als eines Hundes, welche dem Urheber desselben beigewohnt haben, angedeutet werden.

Gundelfingen, von.

S. Birlinger, Aus Schwaben. Bd. I. S. 4.

Die Freiherren von Gundelfingen, so in Neufra wohnten, leiten ihren Ursprung von den alten baierischen Herzögen her. Es hat nämlich der erste ihrer Ahnen, der sich Freiherr von Gundelfingen geschrieben hat, aber ein Herzog von Baiern war, seinen nächsten Vetter und Verwandten, auch einen Herzog von Baiern, im Zorn ermordet. Deshalb hat er zur Strafe den fürstlichen Titel ablegen und von allen seinen Gütern und Erbe weichen müssen.

Habsburg, von.

S. G. Schwab, die Schweiz in ihren Ritterburgen. Bd. I. S. 49. 424.

Der Name Habsburg kommt weder her von den Habichten, welche die Grafen von Habsburg zu ihren Schildhaltern verwendeten, noch von Hapt oder Haupt, sondern von ihrem Schlosse im Aargau, welches Graf Radbod um 1020 erbaut hatte und zwar auf Veranlassung seines Onkels, des Bischofs Wernher von Strassburg, denn dieser hatte ihm geschrieben „er sei gesinnt, sein Hab' und Gut allda als in einer starken sicheren Hab in Nöthen zu bewahren". Von diesem Schlosse nahm dann die Familie den Namen an.

Hacke oder Hake, von.

S. Sinapius I. S. 424; nach Peccenstein, Theatr. Saxon. Th. I. S. 306.

Dieses fast in ganz Deutschland an-
zutreffende adelige Geschlecht soll sich
schon im Jahre 520 in Thüringen hervor-
gethan haben und es wird in den Thüringi-
schen Chroniken von einem Ritter Hacke
gerühmt, dass er als ein tapferer Kriegsmann bei den Sachsen in grossem Ansehen
gestanden, dem sie auch die Sachsenburg auf dem finnischen Berge
gegeben hätten, damit er ihnen wider die Franken desto stärkern
Beistand leiste, welche er denn auch mit wenigen, kaum hundert
entschlossenen Kriegern bei Nacht und Nebel in ihrer Landfestung
Scheidungen überfallen und diese den Sachsen zu eigen gemacht
habe, worauf ihm zur Belohnung die obgedachte Sachsenburg auf
sein Leben mit aller Zugehörung zu geniessen eingeräumt, auch
ihm ein besonderes Schloss auf einem Berge, jedoch etwas zur
Seite zu bauen zugelassen, daselbst das Unterschloss sammt dem
Vorwerke noch im Jahre 1608 die Hackenburg genannt worden
sei. Weil nun dieses Geschlecht nicht eines Stammes und Ankunft, so haben einige Geschichtsschreiber hierunter nur die,
welche zwei oder drei Haken im Schilde führen (die in Holstein
führen nämlich einen Hahn im Wappen), verstehen wollen.

Es wird aber von Knauth in seinem Prodr. Misn. S. 81. eines
gewissen Ernst dieses Namens gedacht, den Markgraf Waldemar
von Brandenburg in solcher Achtung gehalten habe, dass er ihm
fast die ganze Regierung anvertraute, auch bei einem ganz be-
sondern Falle den Ruhm beilegte, dass er bei seinem lieben Diener
und geheimen Rathe jederzeit ein rechtschaffenes adeliges Gemüth
gefunden habe, und an ihm wohl wahr geworden sei, was ein
guter Haken werden wolle, das krümme sich bei Zeiten. Daher
ihm denn der Name erwachsen, da sie zuvor die Beissen (Peusten)
geheissen, doch mit dem Beisatz: sonst Haken genannt.

Haintzen, von.

S. Illustr. Zeit 1866. Nr. 1220.

Im Jahre 1320 hatte in Nürnberg ein der Familie Haintzen Angehöriger in seinem Garten bei der Stadt einmal fleissig gearbeitet. Ermüdet legte er sich unter einen schattigen Lindenbaum, um zu schlafen; da träumte ihm, hier sei ein grosser Schatz begraben, und er habe nichts, ihn zu heben. Erwacht, riss er einen der Lindenzweige ab, legte ihn unter sich und entschlief wieder. Als er zum zweiten Male erwachte, erzählte er den Seinigen, was er geträumt, und gelobte, er sei gesonnen, damit etwas für die Armen zu thun, wenn der Traum sich bewahrheite. Man grub nach, fand einen reichen Schatz, und er stiftete auch ein Spital zum h. Geist für 100 Kranke (1331). Als Wappen führten von da an die Haintzen einen grünen Lindenzweig.

Handschuchsheim, von.

S. Bachstein, Mythe, Sage etc. Bd. II. S. 164 und Deutsches Sagenbuch Nr. 82. S. 44.

Einst verlobte sich ein Ritter der h. Katharina, die ihm im Traume als eine wundervolle Jungfrau erschienen war, hielt aber der himmlischen Verlobten sein Wort nicht, sondern freite ein irdisches Weib, allein gleichwohl betete er fleissig fort und fort zu der Heiligen. Seiner Hausfrau ward aber über sein allzu oftes in die Kirche Gehen böslicher Weise Arges hinterbracht und der Teufel der Eifersucht reizte sie so sehr, dass sie sich ein Messer durch den Hals stach. Als nun der Ritter darüber vor Herzleid ganz ausser sich war und weinend seine Heilige anrief, erschien ihm diese und strich mit ihrer Hand ihm die Thränen vom Angesicht, und aus den Thränen wob sich um die Hand der Heiligen ein Handschuh, den die h. Katharina dem Ritter zurückliess, indem sie mit der tröstlichen Versicherung entschwand, seine Frau lebe und habe ihm ein Töchterlein geboren. Der Ritter aber freute sich höchlichst darüber, zumal da er das Wort der Heiligen als wahr befand, band den Handschuh auf seinen Helm, wie jener

Ritter that, dem einst die h. Elisabeth als Gabe einen Handschuh
verehrt hatte, zog, um Busse zu thun, nach Palästina, und ward
von demselben als einem Talisman in aller Gefahr beschirmt,
nahm ihn auch in sein Wappenschild auf und nannte sich nach
ihm Handschuchsheim. Dieses Geschlecht ist im Jahre 1600 mit
Friedrich von Handschuchsheim, den ein Herr von Hirschhorn
zu Heidelberg auf offenem Markt zur Nachtzeit ermordete, ausgestorben.

Heinewald, von.

S. Sinapius I. S. 434.

Dieses schlesische Geschlecht führt im gelben Schilde einen
schrägen rothen Balken, darin ein weisser Löwe. Darüber erzählt
man folgende Geschichte.

Einst ist der Kaiser Rudolph II. in Begleitung mehrerer
Grossen seines Hofes zu dem Behältniss des Löwen, den er sich
bekanntlich hielt, hinspaziert. Nun war in seiner Begleitung damals zufällig ein türkischer Gesandter, der die Grösse der Löwen,
Luchse und Pantherthiere der kaiserlichen Menagerie zwar rühmend
anerkannte, aber dabei erwähnte, dass bei ihnen in der Türkei, so
oft dem Kaiser einige wilde Thiere vorgestellt würden, einer oder
der andere aus seiner Begleitung sich die Erlaubniss auszubitten
pflege, mit den Löwen zu kämpfen. Hierauf habe sich der Kaiser
umgesehen und alsbald wäre ein schlesischer Edelmann, Namens
Henewald, hervorgetreten, der nach erlangter kaiserlicher Erlaubniss auf einen Löwen, blos mit dem Schweinespiess bewaffnet,
eingedrungen und selbigen, da er im grössten Grimme auf ihn
zugesprungen, so glücklich damit getroffen, dass er augenblicklich
todt hingefallen, worauf der Ritter verlangt, man möge die Seite
der Bestie öffnen lassen, da sich denn befunden, dass des Löwen
Herz durchbohrt gewesen.

Hardenberg, von.

S. Schambach, Niedersächsische Sagen. S. 7. Kuhn, Sagen aus Westphaien. Th. I. S. 332.

Einst belagerten die Herren der Burg Plesse im Hannoverschen die Burg Hardenberg deren Ruinen bei Nörten an der Leine man noch sieht. Weil man aber damals noch keine Kanonen hatte, so konnten die Belagerer nur mit Pfeilen gegen die Burg schiessen, wodurch die Belagerten wenig Schaden litten, und so zog sich auch die Belagerung sehr in die Länge. Deshalb beschlossen jene, einen Sturm zu wagen. Alles war gut vorbereitet, und fast hatten sie die Burg schon erstiegen, ohne dass die Belagerten, welche alle im tiefsten Schlafe lagen, etwas gemerkt hatten. Da prustete ein altes Mutterschwein in der Burg „lâs" und weckte so die Schlafenden. Alsbald eilten diese auf die Mauern und der Sturm wurde glücklich abgeschlagen. Zur Erinnerung an diese Rettung der Burg durch ein Schwein haben dann die Herren von Hardenberg ein Schwein in ihr Wappen aufgenommen.

Ueber den Ursprung des Namens der Hardenberge selbst existirt folgende Sage. Der erste Graf von Hardenberg führte eben diesen Namen noch nicht, sondern hiess Hildebrand. Nun hatte er einmal einen blutigen Streit mit seinen Todfeinden, den Herren von der nahen Plesse, geführt und war erst nach langer Gegenwehr besiegt worden. Da sollen die Herren von der Plesse gesagt haben: Wir sind wohl zum Siege gelangt, aber haben erst „ober en harten Barch" gemusst, und darum ist der Ritter Hildebrand von da an der Ritter von Hardenberg genannt worden.

Hatzfeld, von.

S. Lyncker, Hess. Sagen. S. 152 fg. Grässe, Preuss. Sagenbuch. Bd. II. S. 275.

Auf dem Christenberge im Burgwald in Hessen stand einst ein Schloss, darin wohnte ein König mit seiner Tochter. Da kam ein anderer König, sein Feind, Namens Grünwald, und berannte die Burg. Zwar vertheidigte sich der Burgherr tapfer und lange, allein endlich wankten seine und seiner Getreuen Kräfte, und als die Prinzessin eines Morgens das feindliche Heer mit grünen Zweigen den Schlossberg heraufkommen sah, da sprach sie zu ihrem Vater: „Vater, gebt Euch gefangen, der grüne Wald kommt gegangen!" Sie ging hinauf ins Lager des Königs Grünwald, bei dem sie ausmachte, dass sie selbst freien Abzug bekommen und soviel mitnehmen dürfe, als sie auf einen Esel packen könne. Da nahm sie ihren Vater, setzte ihn auf den Esel und legte noch soviel, als derselbe tragen konnte, von ihren Schätzen mit darauf, und zog auf und davon. Als sie nun eine gute Strecke gezogen waren, sprach sie: „Hier woll'n mer ruh'n!" Daher hat das Dorf Wollmer, welches dort liegt, seinen Namen. Nun zogen sie durch Wildnisse und Berge, bis sie in eine Ebene kamen. Da sagte die Königstochter: „Hier hat's Feld!" und da blieben sie und bauten sich ein Schloss, das sie nach diesem Ausspruche Hatzfeld nannten. Davon sieht man noch heutigen Tages die Ueberreste und das Städtchen daneben führt den Namen noch.

Es giebt jedoch noch eine zweite Sage über die Entstehung dieses Namens. Einst hat ein deutscher Kaiser eine Schlacht geschlagen, aber es war wenig Hoffnung auf den Sieg mehr, denn die Feinde hatten die Uebermacht. Da sah der Kaiser von dem andern Flügel seines Heeres einen Reiter kommen, der ein weisses Tuch schwang und dabei rief: „Er hat's Feld! er hat's Feld!"

Da hat der Kaiser wieder Muth bekommen und mit seinen Leuten einen neuen Angriff gemacht und die Feinde überwältigt. Zur Erinnerung aber an den Bringer der frohen Botschaft hat er denselben geadelt und ihm den Namen Hatsfeld gegeben, welchen sein Geschlecht noch heute führt.

Haugwitz, von.

S. Sinapius I. S. 437. Grässe, Sächs. Sagenschatz. Bd. II. S. 112. Nr. 724.

Der Name Haugwitz ist wendisch und heisst eigentlich Hugo's Licht, wie Carlowitz Carls Licht. Von dieser Familie sind in der Tartarenschlacht bei Liegnitz nicht mehr als zwei Mannspersonen übrig geblieben, deren einer den Namen und das Geschlecht derer von Haugwitz fortpflanzte, der andere aber dem Geschlechte von Rechenberg den Namen erwarb, beide aber einerlei Wappen behielten. Denn als Herzog Heinrich der Fromme dem Hans Haugwitz, welcher einen Trupp Landvolk führte, zugerufen: Hans, räche den Berg (von welchem die Unseren durch die feindliche Macht heruntergetrieben worden waren), und er solches ritterlich gethan, den Verlust gerächt und davon gekommen, wäre ihm der Name Rechenberg geblieben. Die von Haugwitz führen im rothen Schilde einen schwarzen vorwärtssehenden Widderkopf (ohne Krone in Schlesien, mit Krone in Sachsen). Wie derselbe in ihr Wappen gekommen, wird auf folgende Begebenheit zurückgeführt.

Als in Deutschland noch das Heidenthum herrschte, ist unter einem marcomannischen Könige einem im Kriege wohlgeübten Ritter dieses Geschlechtes ein wohlbefestigtes Schloss zur Vertheidigung gegen jeglichen feindlichen Anfall übergeben worden. Nachgehends ist nun der Feind gekommen und hat dasselbe aufs Heftigste angegriffen. Weil er nun aber von dem Commandanten desselben tapfer zurückgeschlagen wurde, hat er seinen Sinn verändert und die Belagerung in eine Blokade verwandelt, in der Meinung, es auszuhungern. Es ist auch mit den Belagerten aufs

Aeusserste gekommen, der Hunger drückte sie und sie waren schon
Willens sich dem Feinde zu ergeben. Ihr Anführer ermahnte
sie zur Geduld mit der Vertröstung, dass der König sie gewiss
entsetzen werde. Als aber nichts darauf erfolgte und die Soldaten
schwierig wurden, griff er zu folgender List. Er liess den einzigen
Widder, der noch übrig war, schlachten und mit seinem Blute
verschiedene Ochsenhäute anfeuchten, nachgehends aber an einem
Orte, der dem Feinde nahe vor Augen war, gleich als wolle man
sie trocknen, heraushängen. Als dies die Belagerer sahen, schlossen
sie daraus, die Belagerten hätten nicht nur Getreide zur Nothdurft,
sondern auch noch frisches Fleisch, darum hoben sie die Blokade
auf und zogen davon. Sobald aber dies geschehen war, kam der
König dahin, und nachdem er im Schlosse nichts mehr als den
Widderkopf fand, lobte er des Commandanten und seiner Soldaten
Tapferkeit über alle Massen und befahl jenem den Widderkopf im
Schilde zu führen, begnadigte ihn auch mit vielen herrlichen Vor-
rechten, weil er zuvor schon von adeliger Abkunft gewesen war.
Nach anderen soll auch der Urahnherr der Haugwitze eigentlich
Hugo geheissen haben und einer der Feldobersten Karls des Grossen
gewesen sein, dem dieser wegen seiner in dem Kriege gegen die
Sachsen bewiesenen Tapferkeit und Umsicht den Beinamen Witz
und den Widderkopf ins Wappen gegeben habe.

Hegnenberg, von.
S. Illustr. Zeit. 1868. Nr. 1314.

Die von einem natürlichen Sohne Herzogs Wilhelm von Baiern
abstammenden Grafen von Hegnenberg haben in ihrem Wappen vier
schwarze (Trauer-)Lilien, darin mit halbem Leibe ein goldener
Löwe zu sehen ist, der die französische Krone trägt. Dies bezieht
sich darauf, dass ein Graf von Hegnenberg unter denen war, die
Franz I. bei Pavia am 28. Februar 1525 gefangen nahmen. Er
bekam auch später im Herzschild einen Reichsadler mit der In-
schrift Bavoaria, weil er im Sommer 1555 nach der Landung der
Truppen in Tunis einen Anführer der Mauren, Namens Muley,
zum Gefangenen machte und sich dies in der Barbarei zutrug.

Henneberg, von.

Erste Sage.

S. Illustr. Zeitg. 1868. Nr. 1319; nach Witzschel, Sagen aus Thüringen. S. 95.

Im 11. Jahrhundert lebte in Welschland ein deutscher Ritter Poppo, der die Liebe einer schönen italienischen Gräfin auf sich zog, dieselbe aber nicht erwiderte, weil das Andenken an seine jüngst verstorbene Gattin bei ihm noch zu frisch war. Er kam nach Thüringen und gedachte da, wo jetzt die Schlossruinen Hennebergs von der Höhe herabschauen, sich eine Burg zu erbauen. Drei Hennen, die vor ihm aufflogen, bestimmten ihn seine zukünftige Burg Henneberg zu nennen. Während er noch baute, zog die welsche Gräfin, von Liebesschmerz getrieben, dem Ritter nach und fand auch glücklich seine Spur. Als sie aber mit ihrem Maulthiere an den Ufern der Schleusse und Werra vorüberkam, hörte sie auf einmal trauriges Glockengetön, welches ihr Herz mit Bangigkeit erfüllte. Sie erfuhr nun, es sei das Grabgeläute Graf Poppo's von Henneberg, der im Treffen von Melrichstadt (1078) geblieben war. Von entsetzlichem Leid ergriffen zerraufte sie in wildem Schmerz ihr schönes Haar, zerschlug sich die Brust, riss eine ihrer Flechten aus und warf sie in die Schleusse. Sie beschloss nun im Lande ihres Geliebten zu sterben und ihre Schätze seinen Nachkommen zuzuwenden. Ihren Tod ehrend schmückte Gottwald, Poppo's Sohn, sein Wappen mit einem neuen Helmzeichen, einer gekrönten Jungfrau mit grossem Haarzopf und entblössten Brüsten. Der Helmschmuck des hennebergischen Wappens an dem Erbbegräbniss der Grafen von Henneberg im ehemaligen Prämonstratenserkloster Vestra heisst noch heute im Volksmunde die Jungfrau mit dem Zopfe. (S. a. S. 67.)

Henneberg, von.

Zweite Sage.

S. Grimm, Deutsche Sagen. Th. I. Nr. 575. S. 320. Bechstein, Mythe, Sage etc. Bd. II. S. 166. und Deutsches Sagenbuch. Nr. 729. S. 599.

Die Henne im Wappen der gefürsteten Grafen von Henneberg sollte eigentlich eine Waldhenne, ein Rebhuhn, sein, denn die Stammsage dieses edlen Geschlechtes erzählt, dass, als vor Zeiten der erste Begründer desselben in waldiger Gegend Frankens umhergesucht, um einen zu einer Burg geeigneten Platz zu finden, plötzlich auf dem Gipfel eines hohen Kegelberges eine wilde Henne sammt ihren Küchlein aus dem Gebüsch aufgeflogen sei, und da jener Herr den Berg wohl geeignet zu einem Burgsitz gefunden, so habe er die Burg, die er darauf erbaute, Henneberg genannt. Einer ähnlichen Sage verdankt das vormalig gräflich hennebergische Schloss Huhnburg seine Entstehung, und soll hier ein zahmes, nicht wie bei Henneberg ein wildes Huhn die Hauptrolle gespielt haben.

Henneberg-Römhild, von.

S. Bechstein, Mythe. Sage etc. Bd. II. S. 161.

Die Römhilder Linie der Grafen von Henneberg führte statt des Hennenschildes eine Säule im Wappen. Graf Otto IV. hatte im Jahre 1465 mit dem italienischen Fürsten Antonio Colonna Bekanntschaft gemacht, welcher behauptete, die Henneberger stammten von seinen Vorfahren ab und der erste Begründer dieses uralten, damals noch in höchster Blüthe stehenden Reichsgrafengeschlechtes, dessen andere Linie sogar das Fürstenstandesprivilegium vom Kaiser erhalten hatte, sei ein Römer und aus dem Geschlechte der Colonna gewesen. Papst Paul II. bekräftigte diese Behauptung durch eine Bulle im Jahre 1467. Weil sie nun nach der Ansicht des Papstes im Kampfe fest wie eine Mauer gestanden hätten, hätten sie die Goldkrone der Treue auf der makellosen (silbernen) Säule im rothen (blutigen) Felde erhalten. In derselben Bulle nannte der Papst die sechs lebenden Grafen dieser Linie geradezu „de Columna, comites in Henneberg". Uebrigens bestätigte Kaiser Friedrich III. auch im December des-

selben Jahres diese päpstliche Bulle. Weil nun aber ein Graf von
Henneberg - Römhild eine würtembergische Prinzessin heirathete,
kam das würtembergische Helmkleinod, welches von dem Wappen
der Grafschaft Mömpelgardt herrührt, eine wachsende Jungfrau,
welche statt der Arme zwei Fische zeigt, in das hennebergische
Wappen.

Henneberg - Schleusingen, von.

S. Bechstein, Mythe, Sage etc. Bd. II. S. 160.

Eine Jungfrau mit starken Zöpfen erscheint als Helmkleinod
dieser Linie und darüber existirt folgende Sage. Einst zog ein
Graf von Henneberg in die Fremde, nach Einigen nach Palästina,
nach Anderen nur nach Würzburg. Dort lernte er eine Jungfrau
kennen, die sehr schön und sehr reich, aber im Range ihm nicht
gleich war. Gleichwohl verliebte er sich in dieselbe und versprach
ihr die Ehe. Er zog hierauf in sein Heimathland zurück um seine
Angelegenheiten zu ordnen und versprach baldmöglichst zurückzukehren und seine Braut nachzuholen. Allein seine Verwandten
widersetzten sich dieser sogenannten Missheirath und zwangen ihn
sich standesgemäss zu vermählen, und so harrte denn seine ferne
Braut vergeblich seiner Wiederkehr. Von Sehnsucht nach ihm und
von Ungeduld getrieben machte sie sich endlich mit ihren Schätzen
und ihrer Dienerschaft auf und zog ihm nach, als sie aber in das
Henneberger Land kam, hörte sie von allen Kirchthürmen feier-
liches Glockengeläute. Auf ihre Frage nach der Ursache dieses
Festgeläutes ward ihr die Antwort, es gelte der heutigen Vermäh-
lungsfeier des jungen Landesherrn, des Grafen, der ihr Geliebter
und Verlobter war. Im jammervollen Schmerze riss sich die Fremde
ihre beiden schönen Zöpfe aus, gründete von ihrem reichen Gute
ein Kloster und barg sich in diesem für immer vor dem Auge
der Welt. Reuevoll nahm der Graf dann ihr Bild noch im Schmucke
der schönen Zöpfe als Helmkleinod an und liess es auf allen
Wappen im ganzen Lande anbringen und so erscheint es als Wahrzeichen und Rathhausschild der Stadt Schleusingen, der ehemaligen
Residenz der Fürstgrafen von Henneberg.

5*

68

Herberstein, von.

S. Hormayr, Taschenb. 1826. S. 336 fg.

Es ist längst ausgemacht, dass die Burg Herberstein nicht schon von den wilden Herulern, als sie unter Odoacer auszogen, das römische Reich umzustürzen, als Herulstein erbaut worden ist, allein auch die folgende Sage bedarf noch näherer Begründung. Am 10. August des Jahres 955 hatte auch ein armer Landmann, Namens Heribert, auf dem Lechfelde tapfer mitgestritten, war zum Ritter geschlagen worden und hatte sich dann an dem Ufer der Feistritz in Steiermark einen festgemauerten Wohnsitz (Stein), der nach ihm Heriberts Stein oder Herberstein genannt ward, gebaut. Auf seinen Schild hatte er zum Andenken an sein Herkommen den weissen Sparren, auf welchem der Pflug zum Acker und vom Acker geführt ruht, wie ihn, freilich mit anderen reichen Ehren vermehrt, das Herbersteinsche Wappen heute noch führt, aufgenommen.

Heugel, von.

S. Sinapius I. S. 460.

Die Heugel stammen aus dem Nordgau, führen in ihrem Wappen zwei kreuzweise übereinander gelegte Weinhacken oder Karste mit goldenen Stielen, darum dass ihr Urahnherr vom Karst aus durch ein sonderliche ritterliche That zum Adel gelangt ist und durch Einnahme von Städten und Festungen sich so rittermässig bewiesen, dass, nachdem diese rasirt und umgepflügt worden, ihm zum Andenken Karst und Hacke ins Wappen gegeben worden sind.

Heyde, von.

S. Sinapius I. S. 409.

Dieses uralte schlesische Geschlecht führt im weissen Schilde einen im Angriff stehenden und zugleich hinter sich sehenden rothen Löwen, auf dem Helme eine rothe tartarische Mütze, deren zwei Aufschläge mit Hermelin gefüttert sind und um welche sich aufwärts ein weiss und roth abgewechseltes Band windet. Sie haben aber ihrer besonderen Tapferkeit wegen, weil sie eines vornehmen Tartaren Kopf davongebracht, nach der Tartarenschlacht bei Liegnitz dieses Wappen ebenso bekommen wie andere schlesische Adelsfamilien, die in ihren Wappen tartarische Mützen führen.

Hohenlohe.

S. Bensen. Alterthümer, Inschriften und Volkssagen der Stadt Rotenburg. S. 78. Schöppner, Baierisches Sagenbuch. Bd. II. S. 359.

Im Dorfe Holbach bei Rotenburg lebte ein armer Wagner, mit Namen Hohenlohe, der eine Anzahl hübscher Knaben zu Kindern hatte. Einst kam der Kaiser durch das Dorf und unter der herbeigeeilten Dorfjugend fielen ihm diese Knaben auf. Da rief er: bei Gott, ein Fürst könnte stolz auf solche Kinder sein! Er fragte, wer ihr Vater sei, und als er es erfahren hatte, liess er den armen Wagner kommen und fragte ihn, ob er sie ihm mitgeben wolle, er gedenke sie an seinem Hofe zu erziehen und zu wackern Kriegern zu bilden. Der Wagner aber überliess seine Söhne dem Kaiser, der sie vor allen anderen Kindern seiner Hofleute hoch und werth hielt. Als sie aber herangewachsen waren und sich als treue Diener des Kaisers erwiesen, begnadigte er sie mit einem adeligen Wappen, einem Rädlein im weissen Felde, zur Erinnerung an den Stand ihres Vaters, und mit einem aufgeschwungenen halben Adler zum Gedächtniss, dass sie einem Kaiser lieb und werth gewesen waren.

Hund, von.

S. Sinapius. I. S. 475. Grässe, Preuss. Sagenbuch. Bd. II. S. 798. Nr. 944. Bechsein, Deutsches Sagenbuch. Nr. 417. S. 352.

Das Geschlecht derer von Hund ist aus dem gräflich niedersächsischen Geschlechte der Guelfen oder Welfen entsprossen, wovon das Steinwappen desselben, mit dem weissen Hunde im blauen Felde und den neun Nelken,

welche die von einer Gräfin von Querfurt auf einmal geborenen
neun jungen Grafen bedeuten, Zeugniss giebt. Von diesen wird
gemeldet, dass sie von gedachter Gräfin, um solche unglückliche
und wunderseltsame Geburt zu verbergen, einer Dienerin gegeben
worden seien, mit dem Befehl selbige in dem nahe gelegenen Wasser
zu ersäufen. Es hatte sich aber durch Gottes wunderbare Fügung
geschickt, dass Bischof Bruno dieses Weges gereist, welcher die
furchtsame Dienerin gefragt, was sie so verborgen trüge, und als
sie darauf geantwortet, es wären Welfen (Welf d. i. junger Hund),
so wäre der Bischof begierig gewesen sie zu sehen, und nachdem
er erkannt, dass es nicht Hunde, sondern Kinder seien, hätte er
solche neun jungen Grafen ohne Verzug selbst bei diesem Wasser
getauft, für ihre künftige Erziehung fleissig Sorge getragen und
zu einem ewigen Angedenken Welfen oder Hunde genannt. Daher
käme der Ursprung des Geschlechtes derer von Hund.*)

Von diesen Welfen leiteten nun auch die Fürsten von Scala
zu Verona ihre Abkunft her, nachdem sie aber das Amt und den
Titel als Reichsvögte erblich überkommen, haben sie eine Leiter
ins Wappen gesetzt und ihr erstes Wappen, so ein Hund gewesen,
dadurch verändert. Ehe man die jetzige Art der Steigbügel erfunden, haben die Alten eine eiserne Leiter von vier Sprossen vom
Sattel herabhängen gehabt, worauf sie das Pferd bestiegen. Weil
nun dergleichen Leitern des Kaisers durch gewisse Vögte vor-
getragen wurden, so hätten die Scala's, welche anfänglich Canes
oder Hunde geheissen, sich nach ihrem Amte als Reichsvögte
Scalani genannt, es wäre aber einerlei Geschlecht und diejenigen,
so Scalani und in lateinischer Sprache canes geheissen, hiessen
im Deutschen jetzt die von Hund. Unter diesen veroneser Scala's
wäre sonderlich Franciscus Scaliger oder Scalanus mit vielen Kindern gesegnet gewesen, welche zum Theil in Italien blieben, zum

---

*) Dies ist dieselbe Sage, welche von dem Grafen Isenhard von Altorf,
dem Stammvater der Welfen und Zollern, und seiner Gemahlin Irmentrud,
der Schwägerin Karls des Grossen, erzählt wird: nur dass hier von zwölf
Söhnen die Rede ist. Die schwäbischen Grafen von Zollern führten deshalb
auf dem Helme ihres Wappenschildes, das blos einfach schwarz und weiss
quadrirt war, den Kof eines Hundes (s. Nation. Zeitg. 1876. Nr. 1).

Theil sich nach Deutschland gewendet, davon etliche in ihren Wappen die Leiter mit zwei Hunden behalten und sich Hunde von der Leiter genannt, etliche die Leiter hinweggethan und einen springenden Hund allein ins Schild und auf den Helm gesetzt, auch nur den Namen Hund geführt, etliche das Wappen gar geändert und den Schild mit Flügeln geziert haben. Von diesen des Franciscus Scalanus oder Canis von Verona Söhnen, deren einige sich nach Deutschland begeben und daselbst in verschiedenen Ländern sich ausgebreitet, hätten die von Hund in Deutschland ihre edle Abkunft, die neun Nelken dürften aber nicht die neun Söhne bedeuten, sondern wären ein Sinnbild der Stärke, Klugheit und Aufrichtigkeit.

Hund von Wenckheim.
S. Bechstein, Deutsches Sagenbuch. Nr. 743. S. 611.

Von dem Ursprunge des Namens dieser Familie geht eine ähnliche Sage wie von den Welfen aus dem Samen des Grafen Isenhard zu Altorf und Ravensburg in Schwaben und seiner Gemahlin Irmentrud (s. Grimm, Deutsche Sagen. Th. II. Nr. 515. Schwab, die Ritterburgen der Schweiz. II. S. 95), obwohl sie nicht wie das schlesische, hessische und steirische Geschlecht der Herren von Hund einen Hund, sondern einen gezäumten Pferdekopf im Schilde führt. Es soll nämlich einst eine Frau von Wenckstein auf Altenstein in Thüringen, die eine mit Drillingen gesegnete Bettlerin heftig gescholten hatte, von dieser verflucht worden sein und dreizehn Knäblein auf einmal geboren haben. Die Magd, welche zwölf der Knäblein ins Wasser tragen sollte, sagte zu dem ihr begegnenden Herrn auf seine fragende Anrede, sie trage Hunde, worauf er die Knaben heimlich erziehen liess, die Mutter in ein Kloster verstiess und den Söhnen zu ihrem Familiennamen den Beinamen Hund fügte. So entstand das nun ausgestorbene Geschlecht der Hunde von Wenkheim, deren einer bekanntlich Dr. Martin Luther auf seiner Rückreise von Worms mit aufhob und auf die Wartburg entführte.

Jagow, von.

S. Temme, Volkssagen der Altmark. S. 64.

Es ist nicht richtig, dass diese Familie
ihren Namen von der Vertreibung der Templer aus der Mark, welche sie verjagt hätten,
erhalten hat. Der wahre Grund ist folgender.
In der Wische in der Altmark liegen noch
jetzt die Trümmer eines alten Schlosses,
Uchtenhagen, welches einem Herrn von Jagow
gehörte. Einst kam ein Ritter aus diesem
Hause seinem Herrn, dem Markgrafen, in einer Schlacht gerade
in dem Augenblick zu Hilfe, wo die Schlacht verloren gehen
wollte. Durch seine Ankunft aber entschied sich der Sieg für
den Markgrafen. Der Ritter hatte jedoch auf einem Streitwagen
gefochten und im Kampfe ein Rad verloren. Aus Dankbarkeit
hiess ihn jener den Namen Jag to (jage zu), woraus später Jagow
ward, für seinen frühern Namen annehmen und setzte ihm zum
Andenken an diese Schlacht ein Rad in sein Wappenschild.

Jelita oder Koslarogi, von.

S. Sinapius. II. S. 702.

Das Wappen dieser Familie zeigt im rothen Schilde drei
kreuzweise über einander gelegte Spiesse von gelber Farbe, aber
auf dem Helme einen abgekürzten Ziegenbock mit aufgerichteten
Vorderfüssen (vom poln. Worte Koziel Ziegenbock und rogi Hörner
= Koslarogi). Als im Jahre 1331 am 17. September König
Ladislaus auf das Schlachtfeld nach einer dort gegen die Kreuzherren geschlagenen blutigen Schlacht ritt, sah er einen seiner
Edelleute aus dem Hause Koslarogi, Namens Florian Sarius, von
drei Spiessen hart verwundet auf dem Rücken liegen, indem er mit
beiden Händen die ihm aus dem aufgeschlitzten Leibe heraushängenden Eingeweide hielt. Der König bemitleidete ihn und
versprach ihm, wenn er gesund werde, wolle er ihn nicht blos
von einem bösen Nachbar, der, wie jener sagte, ihm mehr
Schmerzen verursache, wie seine gegenwärtige Wunde, befreien,

sondern ihm auch das Dorf selbst schenken. Dies geschah auch, er genas und bekam von jener Begebenheit den Namen Jelita, Eingeweide, durfte auf dem Helme zwar das Wappen der Koslarogi behalten, musste aber im Schilde zur Erinnerung drei Spiesse führen. Von ihm stammt die Familie Zamoysky ab, welche ihren Namen von der Herrschaft Zamosc in Reussen hat.

Jeser, von.
S. Sinapius I. S. 491.

Das schlesische Adelsgeschlecht derer von Jeser, welches sein Stammschloss Zedlitz bei Brieg hat, führt im weissen Schilde ein rothes Mühl- oder Kammrad. Dasselbe Wappen führen die Herren von Odersky und Liderova in Mähren und erzählt man davon folgende Geschichte. Als die Slaven in Mähren eingedrungen und die Einwohner grösstentheils vor ihnen geflohen waren, ist gleichwohl ein Müller zu Hause geblieben, der die neuen Gäste bewillkommnet hat. Er ist hierauf vor ihren Fürsten geführt und von ihm, mit Conferirung eines Mühlrades in sein Wappen, geadelt worden. Andere berichten, der Stammvater sei von einer solchen Stärke gewesen, dass er ein Mühlrad im Laufe habe aufhalten können, und davon rühre das Wappen her.

Jessensky, von.
S. Sinapius. II. S. 704.

Das Wappen dieser Familie zeigt im goldenen Schilde drei Hügel: auf dem mittelsten steht ein Eschenbaum mit seinem Laube (poln. Jesser = Esche), auf dem ersten ein schwarzer Bär mit offenem Rachen, in dessen linkem Vorderbug ein Wurfspiess zu sehen ist, der ihm von zwei aus den Wolken kommenden Händen hineingestossen wird; mit dem linken Fusse steht er auf dem letzten Hügel, die zwei Vorderfüsse aber hebt er in die Höhe. Durch diesen Bär wird die Rebellion und durch die beiden Hände die von Gott verliehene Tapferkeit und Grossmuth dieses Geschlechts angezeigt.

Kalkreuth, von.

S. Sinapius. I. S. 495.

Von dem Urheber dieses alten berühmten Geschlechtes wird folgende Geschichte erzählt. Er sei bei einem gewissen König in den Verdacht gekommen, als wenn er mit der Königin auf gar zu vertrautem Fusse stehe, weswegen der König in einer Kalkhütte den Befehl gab, dass man den ersten, der von den Bedienten der Königin hierher kommen werde, in den Kalkofen werfen solle. Hierauf wäre diese verdächtige Person dahin geschickt worden, welche sich aber unterwegs in einer Kirche mit Beten aufgehalten habe. Unterdess sei aber der Verläumder desselben ebendahin gelaufen um seinen Feind im Kalkofen liegen zu sehen; weil er aber der erste Bote gewesen, sei er nach der genommenen Abrede ins Feuer geworfen worden und der Unschuldige somit unversehrt davon gekommen, worauf der Urheber zum ewigen Angedenken solcher wunderbaren Errettung in sein Wappenschild zwei Reuten, so die Figur von Ofengabeln im Kalkofen darstellen sollen, und auf dem Helme ein gekröntes Brustbild erhalten habe. Da nun Hübner in seinen Historischen Fragen Th. II. S. 328 erzählt, dass diese Geschichte mit einem Hofoffizianten des Königs Dionysius von Portugal und mit seiner Gemahlin Elisabeth passirt sei, so müssten sonach die Nachkommen desselben sich aus Portugal nach Deutschland begeben und dort den Namen Kalkreuth angenommen haben. Darum erblickt man auch in dem Wappen derselben, einem gespaltenen Schilde, dessen Vordertheile weiss und schwarz sind, zwei kreuzweise gestellte, etwas gebogene Ziegenfüsse gelber Farbe, oben mit Eisen, vorn mit einem Spalt, wie dergleichen gebraucht werden, um Nägel auszuziehen oder schwere Steine zu heben. Auf dem gekrönten Helme zeigt sich ein Kalkbrenner, der in jeder Hand eine Kalkreute hält. Nach Andern wären dies aber nicht Gabeln oder Streitkolben, sondern Pflugreuten, und die Herren von Kalkreuth seien aus dem Stamme des Herzogs Primislaw von

Böhmen und führten deshalb wie die Herren von Pflugk zum
Gedächtniss ihres Ursprungs die umgekehrte Pflugschaar.

Kalkstein, von.

S. Illustr. Zeitg. 1866. Nr. 1222. Das Wappen ist besungen von Gaudy.
Schildsagen. S. 36 fg.

Das Geschlecht der Kalksteine stammt aus Franken und besass seinen Stammsitz am Neckar. Einer seiner Abkömmlinge,
Ekbert von Kalkstein, aber beschloss einer unglücklichen Liebe
halber sich dem Dienste des Herrn zu weihen und die Heiden zu
bekehren. Er machte sich also auf und zog nach Preussen, wo
ihn der deutsche Ordensmeister Conrad von Feuchtwangen in den
Orden der deutschen Ritter aufnahm. Bei einem Angriffe der
heidnischen Preussen auf die Ordensfeste liess er sich, nachdem der
Sturm abgeschlagen war, verleiten, den Feind zu verfolgen, gerieth
aber in einen Hinterhalt und fiel unter den Streichen der Uebermacht.
Am andern Tage fanden ihn die ihn suchenden Brüder am Fusse
einer Riesenfichte; das Blut aus drei tödtlichen Wunden hatte
aber drei breite Streifen über sein blankes Silberschild gezogen.
Ihn zu rächen zogen seine Verwandten nach Preussen und er-
warben dort im Jahre 1468 das Gut Wogau, in dessen Forste die
riesige Fichte, unter deren Dach ihr Ahnherr verblutet hatte,
noch heute steht.

Kamptz, von.

Poetisch behandelt von Hesekiel, Wappensagen. S. 131.

Das Wappen der Herren von Kamptz
enthält als Zeichen eine Lilie und wird als
Ursache, dass dieses eigentlich Frankreich
angehörige Wappenbild sich darin befindet,
folgende Sage erzählt. Es soll ein Herzog
Johann von Mecklenburg, mit dem Zunamen
der Theologe, nach Paris gezogen sein, um
dort auf der hohen Schule zu studiren. Dort lernte er den Herzog
von Marseille und den Prinzen von Cypern, sowie einen Grafen

von Henneberg kennen, und die jungen Leute schlossen mit einander einen engen Freundschaftsbund. Um diesen desto fester zu knüpfen, versprach er ersteren beiden seine zwei Schwestern zu Gemahlinnen und er selbst verlobte sich mit der Schwester des Hennebergers. Allein nachdem seine Schwester dem Herzog von Marseille nur ein Jahr angehört hatte, ward dieser von seinem Bruder ermordet und seine trostlose Gemahlin gefangen gesetzt. Da befreite sie einer der Ritter ihres Gemahls, Namens De Champs, aus dem Kerker und führte sie nach Mecklenburg zurück. Ihr Bruder Johann gab sie aber aus Dankbarkeit dem Franzosen zur Gemahlin, der in Folge dessen seinen Namen De Champs in Kamptz umänderte und die Lilie zur Erinnerung an seine Heimath in sein Wappenschild setzte.

Kaunitz, von.

S. Hormayr's Taschenbuch. 1831. S. 9.

Es lebte einmal ein mächtiger König des Slavenvolkes, der beschloss, die dunkeln Wälder, die neblichten Sümpfe und unwirthbaren Berge seiner Heimath zu verlassen und nach dem wärmeren Süden zu ziehen um sich dort einen neuen Wohnsitz zu suchen. So zog er denn mit seinem ganzen Volke auf und davon. Plötzlich standen sie vor einem mächtigen See. Niemand wusste, wie man hinüber kommen solle. Da stürzte sich einer der Heeresfürsten mit seinem Streitross in das gewaltige Wasser und erreichte glücklich das jenseitige Ufer. Er eilte auf derselben Fuhrt wieder zurück und brachte dem König als Wahrzeichen der Leichtigkeit des Uebergangs zwei Seeblumen von ungewöhnlicher Höhe und Grösse, die er mit dem Ross herüberkommend aufgehascht und mit den Wurzeln ausgerissen hatte. Tausendstimmiger Jubel brauste ihm entgegen, der verwunderte König aber setzte ihm die eine Seeblume zwischen die Adlerflügel seines Helmes, die andere in seinen Schild, zum bleibenden Gedächtniss seines Wagnisses. Seit jener Zeit führen seine Nachkommen und namentlich der Hauptast seines Geschlechts, die Kaunitze, zwei Seerosen mit einer ungleichen Anzahl von Wurzeln im rothen Schilde und wieder Seerosen zwischen den Adlerflügeln auf dem Helme. Sein Ur-Ur-Urenkel erbaute sich zwei kleine Meilen südwestlich von Brünn über der Iglawa eine feste Burg und nannten sie Kanice (Kaunitz) und nach dieser nannte sich dann das ganze Geschlecht.

Kitlitz, von.
S. Sinapius. I. S. 193.

Dieses Geschlecht stammt von einem im zehnten Jahrhundert zum Christenthum übergetretenen Slavenfürsten her, von dem auch die h. Hedwig ihren Ursprung herleitete. Sein Wappen bestand in einem getheilten Schilde, dessen beide Theile unterwärts von der Rechten (des Anschauers) hinauf zur Linken gehen. Das Obertheil ist gelb, darin ein schwarzer halber Büffel; der Untertheil hat sechs weiss und roth gewechselte Balken. Auf dem gekrönten Helm zeigt sich gleichfalls derselbe halbe schwarze Büffel, den zwei Adlersflügel beschliessen; der zur Rechten ist weiss mit fünf rothen über einander gestellten Rosen, der zur Linken aber roth mit dergleichen weissen Rosen. Die Helmdecken sind schwarz und gelb zur Rechten, weiss und roth zur Linken. Als nun dieser Fürst vier Söhne gezeugt hatte, denen er anständige Güter mitzugeben nicht vermochte, ertheilte er ihnen den väterlichen Rath, sie sollten als Edelsritter an fremden Höfen durch eigene Verdienste sich Ehre und Güter zu erwerben suchen, der älteste Sohn aber sollte sein Nachfolger im Fürstenthume nach seinem Tode bleiben. Diesem väterlichen Rath sind nun die übrigen drei gehorsamst nachgekommen, und als sie sich auf den Weg machten, nahm ihre fürstliche Frau Mutter die goldene Kette vom

Halse, zertheilte sie in drei Theile und gab jedem Sohne zum
Gedächtniss einen Theil davon. Die Söhne überliessen sodann
dem älteren Bruder die Succession nebst dem besagten alten
väterlichen Stammwappen willigst und führten dagegen im Wappen einen blauen Schild, darin die in drei Stücke getheilte goldene Kette zu sehen ist; auf dem gekrönten Helme entweder auch
dergleichen Kette oder drei Straussfedern, die mittlere gelb, die
andern blau, die Helmdecke gelb und blau. Dieses Wappens haben
sie sich und ihre Nachkommen bedient, zum Theil zwar den Namen Kitlitz behalten, andere aber haben den Namen verändert
und sich Ziganer, Karwinsker u. s. w. genannt. Andere haben
indess dieses Bild nicht für eine in drei Theile getheilte Kette
gehalten, sondern für drei verknüpfte Knoten eines Strickes und
Simon Okolsky behauptet gar, Herr Hans Heinrich von Kitlitz,
Erzbischof zu Gnesen (1200), habe seinen angestammten väterlichen Wappenschild verändert und zum Gedächtniss, dass er ein
Franziskaner gewesen, in den Schild einen dreifach verknüpften
Franziskanerstrick malen lassen, wiewohl von ihm, als der ausser
der Ehe gelebt, ein Wappen nicht hätte angeerbt werden können.

Klüchtzner, von.

Poetisch behandelt von Hesekiel, Wappensagen. S. 139.

Die Herren von Klüchtzner führen in ihrem Wappen eine
Krone mit den Federn und Farben von Böhmen. Darüber existirt
folgende Sage: Einst ritt eine Königin von Böhmen mit grossem
Gefolge auf die Falkenjagd und liess sich von der Jagdlust verleiten, mit ihrem Ross durch ein herrliches Getreidefeld zu
sprengen. Da trat ihr ein ernster Mann entgegen und wehrte
ihr und erinnerte sie an ihren Urahn, Libussa's Gatten, der vom
Pfluge und Kornfelde aus König von Böhmen ward. Schon wollten ihre Begleiter ihn seiner Kühnheit wegen zu Boden schlagen,
da gab er sich ihr als einen Abkömmling Primislaw's, der bereits ehe er die Libussa geheirathet, eine Frau und einen Sohn
gehabt, aber solche verstossen hatte, zu erkennen, und die Königin

nahm beschämt die Krone mit den drei Federn (zwei weissen und einer rothen, den böhmischen Farben) vom Haupte, reichte sie ihm und hiess ihn dieselbe in şein Wappen setzen und den Namen Klitzer (Klüchtzner), d. h. Wehrer, zum ewigen Gedächtniss an seine kühne Mahnung annehmen.

Knesebeck, von der.

Das Wappen ist besungen von Gaudy, Schildsagen. S. 24 fg.

Die Freiherren von der Knesebeck aus Hannover führen ein in vier Theile getheiltes Wappenschild, worin sich auf jeder Seite ein springendes Einhorn und eine Adlerklaue befindet, als Helmzier dienen drei Fahnen. Dieser Schmuck ist ihnen von Kaiser Rudolph von Habsburg darum gegeben worden, weil einer ihrer Ahnherren, Ritter Iwan von der schwarzen oder lüneburgischen Linie (Wittingen) in der Schlacht gegen Ottokar von Böhmen im Jahre 1275 den Feinden mit eigener Hand drei Fahnen entrissen hatte: zuweilen fehlen dieselben aber.

Kobylka, von.

S. Sinapius. II. S. 734.

Diese Familie hat ihren Ursprung von einem slavischen Krieger, der bei einem König von Sardinien in Diensten stand und im Kriege wider Corsica, um Blutvergiessen zu vermeiden, mit einem starken Mohren, der sich bei den Corsen befand, um den Sieg kämpfte und ihn erlegte. Dafür bekam er als Wappen im blauen Schilde einen halben Mohren unten abgekürzt, mit ganzem für sich stehenden Gesichte und einer weissen Binde um den Leib.

Köckritz, von.

S. Sinapius I. S. 519.

Der Ursprung dieses Geschlechtes wird insgemein von ihrem in französischen Diensten gestandenen grossmüthigen Urahnherrn abgeleitet, der einst keck in die Feinde gerissen, wofür ihm sein Schild aus besonderer königlicher Gnade mit den Lilien beworfen worden sei. Sie führen nämlich einen gespaltenen Schild, dessen eine Vordertheil blau, das andere weiss ist: darin erblickt man drei französische gelbe Lilien, oben zwei und unten gegen die Spitze des Schildes eine.

Königseck, von.

S. Birlinger, Aus Schwaben. Bd. I. S. 21.

Die Herren von Königseck in Oberschwaben stammen aus der Lombardei und zwar aus der Stadt Asti. Es waren eigentlich drei Brüder, die wegen einer von ihnen begangenen Mordthat ihr Vaterland verlassen mussten und mit neun Mauleseln, so mit Gold und Silber beladen waren, nach Schwaben kamen, dort bei der Stadt Hoskirch ein grosses Stück Land kauften und sich daselbst ein Schloss bauten. Noch wussten sie aber nicht, wie sie es nennen sollten, da kam ein Gaukler des Weges. Den forderten sie auf, er sollte für einen guten Zehrpfennig dem Schlosse einen Namen geben. Da sprach dieser: „ich ston hie uff dieser egg und sol haissen küngsegg!" und da haben sie das Schloss und ihr Geschlecht Königseck genannt.

Königsmark, von.

Poetisch behandelt von Hesekiel, Wappensagen. S. 146.

Das Wappen der Königsmark sind drei rothe Spitzen im silbernen Schilde, darüber erhebt sich aber ein schönes Frauenbild mit einer Krone, drei Rosen in der Hand haltend. Dasselbe soll folgenden Ursprung haben.

Eine Königin Maria von Ungarn soll einst von ihren Feinden überfallen und gefangen gesetzt worden sein, da hat sich ihrer Noth ein Ritter, Namens Hans Radecke von Königsmark, erbarmt und hat sie freigemacht. Als sie ihn nun für seine kühne That sich eine Gnade von ihr ausbitten hiess, da ist er vor ihr auf die Kniee gesunken und hat sich von ihr drei Rosen aus einem Blumenstrauss, den sie in der Hand trug, zum Andenken ausgebeten. Diese hat sie ihm auch gern gegeben und erlaubt, sie dreimal auf den Mund zu küssen. Zur ewigen Erinnerung trugen seine Nachkommen das Bild jener Maria auf ihrem Wappenschilde.

Kolowrat, von.

S. Sinapius. II. S. 123. Salon 1875. Nr. 12. S. 1434.

Dieses alte Geschlecht ist mit dem Fürsten Czech nach Böhmen gekommen und soll seinen Namen von einem tapferen Krieger führen, der einst seines Fürsten fallenden Wagen ergriffen und der flüchtigen Pferde Stärke zum Trotz festgehalten hätte. Denn Kolowrat heisst in slavischer Sprache soviel als einer der das Rad zurückhält. Deshalb haben die Herren von Kolowrat vor Zeiten ein Wagenrad von acht Speichen in einem rothen Felde im Wappen geführt. Es hat aber der König Casimir von Polen diesem Geschlechte zum Dank dafür, dass mehrere Glieder desselben ihm in seinen zahlreichen Kriegen beigestanden, seinen weissen Adler im rothen Felde mit einer mondähnlichen Binde auf der Brust, an deren Ende eine Lilie, gegeben. Dann hat Kaiser Karl IV. eine königliche Krone auf dem Kopfe des Adlers und der Kaiser Ferdinand II. das österreichische Wappen auf der Brust dieses zweiköpfigen Adlers hinzugefügt.

Korff, von.

Poetisch behandelt von Hesekiel, Wappensagen. S. 147.

Die Familie von Korff führt in ihrem Wappen eine Lilie, das Wappen der französischen Könige. Der Grund soll der sein, dass einst im gelobten Lande ein Korff Ludwig den Heiligen in blutiger Schlacht so lange gegen die anstürmenden Sarazenen mit Schwert und Schild vertheidigte und ihm so zu sagen das Leben rettete, bis die Templer zu Hilfe kamen und den Christen, welche die Schlacht schon verloren hatten, den Sieg errangen.

Koschembahr, von.

S. Sinapius. I. S. 529.

Dieses schlesische Rittergeschlecht stammt von der hochadeligen Familie der Doliwen in Polen ab, von welchen einige nach Schlesien gezogen sind und dort ihren Namen aus folgendem Grunde verändert haben. Es habe nämlich ein gewisser General einmal in einer heissen Schlacht am Siege gezweifelt, dem habe ein tapferer Held aus dem Doliwischen Geschlechte in polnischer Sprache Muth zugesprochen, er solle getrost sein, z koszem bral, d. i. auf Deutsch, sie würden ihre Feinde gleichsam in einem Korbe überwunden zusammennehmen, worauf dann nach erfolgtem Siege der Name Koschembahr verblieben sei. Doch haben sie das Doliwische Wappen behalten, einen blauen Schild, darin zwischen zwei schrägen Linien ein weisses Feld mit drei rothen Rosen, eine über der andern, auf dem gekrönten Helme zwei blau und roth abgetheilte Büffelhörner und mitten zwischen den Hörnern wieder drei Rosen übereinander.

Kosciesza, von.

S. Okolski, Orbis Pol. T. II. p. 229.

Diese polnische Familie führt einen am Ende in zwei Theile ausgehenden Pfeil, quer belegt mit einem Schwertgriffe im Wappen.

Dieses wurde ihrem Ahnherrn vom Könige Boleslaus Chrobri verliehen, nebst reichen Geschenken, weil derselbe, als er einst auf-
gefordert wurde, nachdem nach erfochtenem Siege die gemachte
Beute zusammengetragen ward, die seinige beizubringen, seine
tiefen Wunden am Kopfe und den Händen zeigend und einen aus
seinem Fusse gezogenen Pfeil und sein zerbrochenes Schwert
dazulegend sagte: das ist meine Beute.

Kospoth, von.

S. Gauhen. Th. I. S. 821. Ihr Wappen ist besungen von Gaudy, Schildsagen. S.32.

Diese alte thüringische Familie hat sich
nach ihrem Stammschlosse Kosbode über dem
hohen Steiger in Thüringen oder nach dem
Orte Kossbode bei Neustadt a. d. Orla genannt. Sie führt im himmelblauen Schilde
drei Sterne, die sollen Ehre, Minne und Treue
bedeuten, welcher die Inhaber des Wappens
dienen sollen.

Kostka, von.

S. Sinapius. I. S. 530. Gauhen. Bd. II. S. 580.

Das Geschlecht derer von Kostka hat seinen Ursprung von
der polnischen Familie derer von Dabova oder Dambrowa, die
wieder wie alle Geschlechter, so in ihrem Wappen ein Hufeisen
führen, aus dem alten polnischen Hause Jastrzembiec (d. h. accipiter,
Habicht) abstammen. Dieses führt nämlich im blauen Schilde ein
mit den Spitzen in die Höhe gekehrtes goldenes Hufeisen, in dessen
Mitte ein Kreuz, auf dem gekrönten Helme einen Habicht, der mit
dem Fusse, daran eine Schelle gebunden, das Hufeisen und Kreuz
hält. Solch Wappen hat aber der adlige Urheber bei folgender
Gelegenheit erhalten. Nachdem im Jahre 999 unter dem König
von Polen Boleslaus Chrobri einst die Feinde des Kreuzes Christi
eine vortheilhafte Stellung auf einem Berge eingenommen hatten

6*

und die Christen mit Hohngelächter aufforderten, ob einer von
ihnen es wage, einen Zweikampf mit einem aus ihrem Heere anzunehmen, fand sich ein muthiger Soldat, Namens Accipitrin, der
sein Pferd mit starken Hufeisen versah, die gefährliche Höhe damit
erstieg und seinen Gegner erlegte, worauf die Andern folgten und
einen herrlichen Sieg erfochten haben. Dergleichen Hufeisen und
Kreuz führen in Polen die von Dambrowa, Kostka und viele Andere,
in Schlesien aber die Geraldowsker und Sobitschowsker.

Kottwitz, von.

S. Sinapius. I. S. 534.

Dieses Geschlecht stammt von dem freiherrlich österreichischen
Hause derer von Pochner ab, von dem sich zwei Brüder, Johann und
Heinrich von Pochner, und einige Zeit nachher einer ihres Geschlechts,
der sich Petrus Strzalin genannt, in dem damals zu Polen gehörigen Schlesien niedergelassen, aber ihren Namen geändert und
sich von ihrem Rittersitze Kottwitz benannt haben. Sie führen
als Wappen einen weissen Schild mit einer rothen Strasse quer-
über in zwei Theile getheilt, auf dem Helme einen halben weissen
Mühlstein mit dem halben Zirkel auf den Helm gelegt und in der
Mitte von oben herab mit einem rothen Streifen in zwei Theile
unterschieden, worauf ein Sträusschen von Straussfedern gesetzt
ist. Dieses Wappen ist aus den dreierlei Wappen der gedachten
drei Pochner zusammengesetzt. Johann Pochner führte den weissen
Schild mit der rothen Strasse und auf dem gekrönten Helme einen
ausgestreckten geharnischten Arm mit einem hauenden Schwerte,
um anzuzeigen, dass er seinen weissen Schild niemals mit schwarzen
Flecken der Untreue besudelt, wohl aber öfters mit dem Blute
seiner Feinde gefärbt und wider diese sein Schwert ritterlich gebraucht habe. Heinrich Pochner, sein Bruder, führte denselben
Schild, auf dem Helme aber einen halben Mühlstein, mit schwarzen
Federn geschmückt, wodurch er seine Leibesstärke, vermittelst
welcher er einen halben Mühlstein mit der rechten Hand in die
Höhe heben konnte, anzeigen wollte, Petrus von Pochner, Strzalin
genannt, hatte eben den Schild, auf dem Helme aber drei schwarze

Straussfedern, weil er, wie der Strauss das Eisen, viele harte und
mühsame Kriegsexpeditionen hatte verdauen müssen und daher
sonderlich dem König Wladislaus Jagello von Polen um das Jahr
1430 sehr lieb geworden war.

Kotulinsky, von.

S. Sinapius. I. S. 531. II. S. 131.

Dieses auch gräfliche und freiherrliche Geschlecht leitet seinen
Ursprung aus der polnischen Familie Ogonczyk oder Pogonczyk ab.
Diese führt im Schilde einen halben weissen Pfeil, der über der
Mitte eines goldenen Ringes steht, über dem gekrönten Helme
aber erblickt man zwei Frauenzimmerhände und Arme gen Himmel
gestreckt. Es wird nämlich erzählt, dass ums Jahr 1100 bei dem
Kriege in Mähren ein feindlicher Soldat ein Fräulein und Erbin
aus dem vornehmen Hause Odrowuns in Mähren vor Kumanow
entführt habe, sie wären aber unter andere Soldaten gerathen,
da denn das Fräulein um Rettung geschrieen, und von dem Urheber des hochadeligen Geschlechtes Ogonczyk, nach Anderen
von einem gewissen Petrus von Radikow, sei dann der Entführer
getödtet und die Entführte befreit worden, worauf das Fräulein
ihrem Erlöser aus Dankbarkeit mit Ueberreichung oder Hilfe
ihres Ringes die Ehe eidlich versprochen, solches auch gehalten
habe, was in obigem Wappen abgebildet wurde. Die von den
Herren von Ogonczyk, welche ihren Ursprung von Radikow's Sohne
Ogon herleiten, abstammenden Herren von Kotulinsky haben aber
ihr Wappen und ihren Namen geändert und sich nach dem von
ihnen in Oberschlesien erwählten Stammhause Kotulin Kotulinsky
genannt. Ihr Wappen zeigt im blauen Schilde einen gebogenen
Greifenfuss, der sowohl am gefiederten Theile, als am Unterfuss
und an den Klauen gelb ist, das abgerissene Stück Fleisch ist
aber zu oberst blutroth.

Kracht, von.

Diese alte märkische Adelsfamilie, deren Entstehung bis ins neunte Jahrhundert zurückreicht, führt in ihrem Wappenschilde einen Adlerflügel mit Stender und Klaue. Den erhielt der Ahnherr derselben darum, dass er in einem Kriege der Askanier gegen die Wenden diesem seinem Fürsten treulich beigestanden und sein Blut für ihn gelassen hatte. Es ist dieses Wappenzeichen ein Theil des ascanischen Wappenschildes überhaupt, den sie als Auszeichnung zu führen die Erlaubniss erhielten.

Kreckwitz, von.

S. Sinapius. I. S. 549.

Dieses Geschlecht soll aus der Zeit der Hunnen stammen, wie denn die Helmzierde der Federn im Wappen die Adelszier der Ungarn und Croaten war. Die Urheber desselben sollen drei Brüder gewesen sein, die mit vereinigter Tapferkeit eine im Wasser und Morast gelegene Festung erstiegen und ihren Begleitern den Weg, solche zu erstürmen, gebahnt hätten, wofür sie drei panzerförmige Fische als besonderes Symbol ihrer militärischen Tapferkeit sammt den Federn auf dem Helme und zwar zu einem Haupte vereinigt, hiermit ihren vereinigten Sinn abzuschatten, erhalten hätten. Sie führen im blauen Schilde drei weissliche Fische, roth gefiedert, zu einem Kopfe vereinigt, auf dem Helme aber drei Hahnfedern, die mittelste weiss, die andern blau.

Kröcher, von.

Poetisch behandelt von Hesekiel, Wappensagen. S. 150.

Das märkische Adelsgeschlecht der Herren von Kröcher führt als Wappenzeichen auf ihrem blauen Schilde ein einherschreitendes silbernes Kameel. Die Sage erzählt, es hätten einst zwei Gebrüder Kröcher im gelobten Lande eine Sarazenenschaar getroffen, welche eine gefangene Christin auf einem reich beladenen Kameele mit sich führte. Sie hätten muthig die zahlreichen Feinde angegriffen und ihnen die Christin sammt den Schätzen entrissen, dieselbe in ihre Heimath zurückgebracht und zur Erinnerung an diesen Tag das Kameel in ihr Wappen aufgenommen.

Krosigk, von.

Poetisch behandelt von Hesekiel, Wappensagen. S. 130.

Die Herren von Krosigk führen noch heute in ihrem silbernen Wappenschilde drei rothe Pflugschaaren und eine vierte als Helmzier, weil derjenige, der dieses Wappenzeichen zuerst annahm, damit andeuten wollte, dass er als freier Bauersmann, aus dem dann ein Freiherr (liber baro) ward, einst das Land bebaut habe.

Kranz von Geispoltzheim.

S. Stöber, Sagen des Elsass. S. 155; nach Herzog, Elsässer Chronik. Bd. VI. S. 254.

Das elsassische Adelsgeschlecht der Kranzen von Geispoltzheim führt ebenso wie die Herren von Dürkheim eine weisse Mönchskappe in rothem Felde als Wappen, als Helmzier aber ein Jungfrauenbild mit Zöpfen, auf deren Haupt ein Kreuzlein sich befindet; sie selbst trägt weisse und rothe Kleidung getheilt. Es soll nämlich einer dieses Geschlechts einst bereits

Mönch gewesen sein, allein weil, nachdem plötzlich alle seine Verwandten starben, er der letzte seines Stammes war, musste er zur Erhaltung seines Geschlechtes das Kloster verlassen und setzte zur Erinnerung an seinen früheren Stand eine Mönchskappe in sein Wappen.

Kuenring, von.

Der Name dieses österreichischen Adelsgeschlechtes schreibt sich daher, dass dessen Ahnen auf offenem Felde bei Eggenburg versammelt, eine neue Feste zu gründen, von Gästen und Sassen den allgemeinen Zuruf hörten: „Wozu lange fragen und zweifeln? Die Führer dieses Landes sind hier alle an einem Ring, so heisse denn das neue Herrenhaus: Kuenring."

Lamberg, von.
S. Gauhen. Th. I. S. 853.

Diese adelige Familie stammt aus Crain und hat vor Zeiten Rittersberg geheissen, den Namen Lamberg aber daher bekommen, weil einer aus ihr wegen seines lahmen Fusses Lahmberg geheissen wurde und die Familie dann den Namen beibehielt. Derselbe soll auch einen Drachen erschlagen und den Riesen Pegam überwunden haben.

Landau, von.
S. Birlinger, Aus Schwaben. Bd. I. (Wiesbaden 1874.) S. 3.

In Schwaben hat es ein adliges Geschlecht derer von Landau gegeben. Diese sind eigentlich Grafen von Würtemberg gewesen, allein ihr Name ist daher gekommen, dass einst ein Graf von Würtemberg seinen leiblichen Bruder im Zorn umgebracht hat und er deshalb sammt seinen Kindern aus dem Lande getrieben ward und Namen und Land verlor. Indess sind ihm doch einige

Güter an der Donau und Heiligenkreuzthal gegeben worden, sowie an der Alb; dort hat auch eine Burg gelegen, wo seine Nachkommen gewohnt und sich Grafen von Landau genannt haben. Nachher sind sie aber verarmt, ihre Güter an das Kloster Heiligkreuzthal gekommen und aus der Burg Landau ist ein Meierhof geworden.

Larisch, von.

S. Sinapius. II. S. 363; nach Okolski. T. II. p. 41. u. Paprocki. F. 440.

Dieses alte angeblich aus Irland nach Polen übergegangene Rittergeschlecht führt im rothen Schilde zwei gegen einander gekehrte eisenfarbene krumme Messer oder nach Andern Pflugeisen mit goldenen Heften oder Griffen, zwischen denen sich eine goldene Säule befindet. Als Ursache wird folgende Begebenheit genannt. Als der Böhmenherzog Jaromir wegen der Verfolgung seines Bruders Herzog Wradislaw sich zum König Boleslas nach Polen flüchten musste und dieser zu seiner Wiedereinsetzung 1062 einen Zug nach Böhmen unternahm, ist dem König auf dem Marsche ein entschlossener Mann begegnet, Namens Laryssa, der zwei Pflugeisen bei sich hatte, die er beim Schmied schärfen lassen wollte. Dieser hat dem König Sieg und Glück prophezeit, worauf der König ihn mit sich nahm. Jener wagte sich nun des Nachts auf der Erde hinkriechend bis ans Lager der Feinde, fand die Wachen schlafend, und trieb ihnen die Pferde weg, also dass die Feinde überfallen und geschlagen wurden, worauf dieser Laryssa diese Bilder in sein Wappen erhielt.

Nach einer anderen Sage hätte der Herzog Piast I. seiner Stammlinie von väterlicher Seite die besagten zwei Messer, welche die Familie Kroje in Polen im Wappen führt, verdankt und seiner Gemahlin Rzepissa und deren mütterlichem Hause die zwei Pflugscharen ins Wappen gegeben, auch diesem letztgedachten Stamm den Namen seiner Schwiegermutter Larissa beigelegt, weil die Vorfahren beider arme Leute gewesen, welche Acker und Gärten angelegt, Bäume beschnitten etc. Andere erzählen aber, die Gemahlin Piast's und ihre Familie hätten deswegen die zwei Pflugeisen angenommen, weil diese Fürstin den bei Kruswyck gelegenen See, welchen man früher Goplo genannt und der zuweilen durch Ueberschwemmung den benachbarten Aeckern Schaden that, eindämmen und die Erde mit zwei Pflugeisen so bepflügen liess, dass das Wasser nicht mehr austreten konnte.

Lassota oder Lessota, von.

S. Sinapius. I. S. 578. II. S. 218; nach Paprocki, Spec. Morav. f. 109.

Dieses schlesische Adelsgeschlecht leitet seinen Ursprung von der uralten mährischen Familie derer von Odrowuns oder Odriffausen her. Als der Urheber dieses Geschlechtes, Namens Saul Raka, ein Mann von ungemeiner Stärke, sich an dem Hofe der alten Könige von Mähren aufhielt, kam ein Anderer, der am kaiserlichen Hofe lebte und auf seine Stärke gewaltig trotzte, nach Mähren, bramarbasirte und schimpfte besagten Saul. Allein dieser fasste ihn und riss ihm das Obermaul so herunter, dass zu beiden Seiten der Ranzebart, der abscheulich gross war, herunterhängen blieb und steckte gedachtes Maul an eine Pfeilspitze, worüber sich der König gar sehr wunderte und zum Gedächtniss seiner grossen Stärke ihm die Pfeilspitze sammt dem abgerissenen Obermaule und herabhängenden Barte ins Wappen schenkte, wovon auch das Geschlecht die Odriffausen, d. h. der abgerissene Bart, genannt worden ist. Von diesem Raka stammen die Grafen von Sedlnitzky ab, welche dasselbe Wappen führen.

Leipziger, von.

S. Peccenstein, Theatr. Sax. Th. I. S. 118 Grässe, Sächs. Sagenschatz. Th. I. S. 220. Nr. 246.

In der Fehde zwischen Markgraf Albrecht dem Unartigen und seinen Söhnen ist ein gewisser Heinrich von Leipzig, sonst auch der Schwarzburger oder der Sterner genannt,

bei Friedrich Hauptmann über ein Fähnlein Fussvolk gewesen.
Derselbe hat sich einst ins Lager des Fürsten Eberhard von Anhalt, eines Feindes seines Herrn, bei Dommitsch geschlichen und
den Leuten des Markgrafen das Thor geöffnet, worauf diese eingedrungen sind, viele der Anhaltischen erschlagen, die andern in
die Flucht getrieben und den Fürsten von Anhalt selbst gefangen
genommen haben. Dafür hat der Markgraf Friedrich diesen
Heinrich von Leipzig unter dem Namen von Leipziger geadelt
und zum Ritter geschlagen, ihm ein Landgut bei Leipzig geschenkt und als Wappen einen springenden Fuchs, auf dem
Schwanz mit etlichen Hahnfedern besteckt, gegeben, weil er als
ein listiger Fuchs sich damals in die feindlichen Verschanzungen
geschlichen und als ein freudiger Hahn Leib und Leben gewagt
habe. Dies geschah im Jahre 1294.

Lepel, von.

Poetisch behandelt von Hesekiel, Wappensagen S. 164.

Die pommersche Adelsfamilie von Lepel
führt auf ihrem Wappenschilde einen rothen
Balken und über dasselbe erhebt sich ein
schönes Frauenbild, das hoch auf dem Haupte
neun strahlende Löffel trägt. Der Balken
ist immer in ihrem Wappen gewesen, die
Jungfrau aber nicht und erst dann in dasselbe aufgenommen worden, als, nachdem
einst neun Lepel's in einer Schlacht gefallen und so eigentlich ihre
Familie ausgestorben war, die Schwester derselben, welche bereits
den Schleier genommen hatte, auf Bitten des Landesherrn vom
Papste ihres Gelübdes entbunden ward, sich verheirathete und
dadurch, dass ihr Bräutigam ihren Namen annahm, den alten
Stamm wieder zu neuer Blüthe brachte.

Leschicz, von.

S. Sinapius. I. S. 585; nach Okolski. T. I. p. 82.

Das Wappenschild dieses schlesischen Geschlechtes zeigt im blauen Felde einen Schuppen, der auf vier rothen Säulen ruht und ein
gelbes Dach hat. Derselbe Schuppen ist auf
dem Helme. Die Wappenvettern desselben
in Polen, die sich Brog oder Leszczyc nennen,
führen einen ebensolchen Schuppen mit weissen
Säulen, gelber Decke auf gekröntem Helme,
weil es in Polen Brauch war, das eingeerntete Getreide in solchen
Schuppen zu verwahren.

Lesswitz oder Lestwitz, von.

S. Sinapius. I. S. 586; nach Okolski, Orbis Polon. T. II. p. 281.

Dieses Geschlecht, ebenso wie das nach ihrem Gute sogenannte Wandritsch'sche stammt von der polnischen Adelsfamilie
Nowina ab, und alle drei haben fast dasselbe Wappen, nämlich
im blauen Felde einen weissen Kesselring und zwischen dem
Ringe einen Bogen, der fast wie ein Kreuz gestaltet ist; auf dem
gekrönten Helme einen geharnischten Menschenfuss sammt Sporen,
mit dem Knie die Krone berührend. Andere malen über der
Krone einen Fuss und an dessen Knöchel eine Fessel oder Fusseisen. Gedachtes Wappen soll ein gewisser Rittmeister, dessen
Vater ein Kesselschmied Namens Nowina gewesen, im Jahre 1121
vom König Boleslaus Crivoustus im Kriege wider die Russen erhalten haben. Denn als gedachter Rittmeister in Schlesien mit
seinem Herzog gefangen genommen und sie beide zugleich an ein
Fusseisen geschlossen worden waren, hat jener seinen Fuss abge-
schnitten, seinem Herrn den abgeschnittenen Fuss an den Gurt
gehängt und ihm also sich zu retten Gelegenheit gegeben.

Leuchtenberg, von.

S. Schöppner, Baierisches Sagenbuch. Bd. II. S. 146 (nach einer hdschr. Chronik von L. Brusch).

Zur Zeit Kaiser Otto's I. lebte ein mächtiger Herzog in Böhmen, der aber ein arger Heide war. Derselbe hatte eine einzige Tochter, welche sich durch den heil. Adalbert taufen liess und den Christenglauben annahm. Darüber war aber ihr Vater so erbittert, dass er sie aus dem Lande jagte. Sie irrte an der Grenze von Baiern in den Wäldern rathlos umher und nährte sich von Wurzeln und Kräutern. Da begab es sich, dass ein baierischer Ritter, der aber auch noch in den Banden des Heidenthums lag, die Jungfrau bei einer Jagd erblickte und von ihrer Schönheit so ergriffen ward, dass er ihr zu Füssen sank und sie bat, seine Gemahlin zu werden. Sie willigte ein unter der Bedingung, dass auch er sich taufen lassen solle. Dies that er auch und nun reichte sie ihm ihre Hand. Hierauf erbaute er auf einem hohen Berge in demselben Walde, wo er die Prinzessin angetroffen hatte, ein Schloss und nannte dasselbe Leuchtenberg, weil Gott dort seinen Geist erleuchtet hatte. Von diesem Schlosse nannten sich dann seine Nachkommen die Grafen von Leuchtenberg.

Nach einer anderen Sage hat aber einst Kaiser Heinrich der Vogler in der Nähe des heutigen Städtchens Pfriemt in der Oberpfalz gejagt und seine Tochter Jutta bei sich gehabt. Da hat sich die Prinzessin, ein Reh verfolgend, von der Jagdgesellschaft verloren, und trotz aller Bemühungen und des sorgfältigsten Suchens ist sie nicht wieder aufzufinden gewesen. Nach vielen Jahren ist der verwaiste Vater aber wieder in dieselbe Gegend gekommen und hat abermals eine Jagd angestellt. Als aber der Kaiser sich zufällig von seinem Gefolge getrennt hatte, hat er sich nicht wieder zurecht finden können. Darüber ist es Abend geworden und immer noch hat der Kaiser seine Leute nicht wieder finden können. Da leuchtete ihm plötzlich durch das Dickicht der Bäume ein freundlicher Lichtstrahl entgegen. Er ritt darauf zu und sah, dass das Licht aus einer hoch gelegenen Burg komme. Er befand sich bald vor dem Thor derselben und bat um Aufnahme. Welche Ueberraschung sollte ihm da werden: auf der Burg wohnte sein verlorenes Töchterlein seit Jahren an einen Ritter Gebhard verheirathet. Zum Andenken an solch theuren Fund hat der König die Burg, von welcher ein Licht ihm Rettung zuwinkte, Leuchtenberg genannt und diesen Namen hat dann die Familie seines Schwiegersohnes angenommen und behalten.

Lichnowsky, von.

S. Sinapius II. S. 366.

Dieses freiherrliche Geschlecht gehörte in Polen zu dem Hause Pilawa, welches im blauen Wappenschilde zwei Kreuze und ein halbes vom dritten Kreuze weisser Farbe führt. Den Namen Pilawa hat der Urheber Zyroslaus, ein tapferer Soldat unter Herzog Boleslaus Chrobri, in Preussen bei Pilawa erhalten, ins Wappen aber die Kreuze vom Herzog Kasimir im Jahre 1179 zum Andenken, dass er den abgöttischen Preussen und Feinden des Kreuzes Christi siegreich widerstanden, und als sie zu zweien Malen vom Christenthum wieder zu ihrem Götzendienst abgefallen, auch dergleichen zum dritten Male zu thun und ihre Götzen wieder aufzurichten sich bemühten, dieselben nach entdecktem Betruge überfallen und den Rädelsführer mitten unter dem Haufen erstochen hatte. Später haben aber die Lichnowskys, nachdem sie nach Schlesien gekommen, das Wappen verändert und im Schilde und Helme zwei zusammengebundene Weintrauben, jede mit einem langen Stiele, geführt.

Lichtenstein, von.

S. Hormayr, Taschenbuch. 1822. S. 12.

Im nördlichen Mähren bei Eisenberg ragen noch heute im dichten Walde die Trümmer einer alten Burg Lichtenstein empor. Dieselbe soll ihren Ursprung einem Landmann aus Wilimowitz (jetzt Wilhelmsschlag) bei Raitz verdanken, der einst in den Zeiten des alten Marhanen-Reiches einen lichten Stein (Silberklumpen) fand und durch weise Benutzung dieses Fundes sein Geschlecht zu einem reichen Glücksloose emporschwang, verdanken. Ob es derselbe Lichtenstein war, der nach einer mährischen Sage einst mit sechs weissen Hirschen nach Jerusalem fuhr, weiss man nicht.

Liedlau, von.

S. Sinapius. I. S. 596.

Dieses alte schlesische Geschlecht führt im blauen Schilde drei mit den Griffen in einander geschlossene Schlüssel, deren zwei über sich auf beiden Ecken des oberen Schildes, der dritte aber gleich herunter an der Spitze des Schildes gerichtet sind. Auf dem Helme erblickt man einen stillesitzenden Fuchs mit aufgerecktem Wedel oder Feder, auf dessen Kopfe drei Hahnenfedern, die mittelste weiss, die anderen zwei blau. Von besagten Federn wird erzählt, dass, als Kaiser Friedrich II. die Stadt Halle im Jahre 1187 hart belagerte, weil sie seinen Gesandten erschlagen, und die Bürger dem Kaiser zum Trotz viele Federn an Stangen auf die Mauern gesteckt hatten, der Kaiser seine Ritterschaft zum Sturm ermahnt habe, worauf nebst Anderen Matthias von Liedlau der erste mit gewesen, der die kaiserliche Fahne auf die Mauern gepflanzt, und deshalb nachmals zum Andenken an solche Heldenthat die Federn in sein Wappen erhalten habe.

Brand von Lindau.

S. Gauhen Th. I. S. 168.

Diese alte meissnische Familie stammt aus der Schweiz und zwar aus der Stadt Lindau am Bodensee, wohin sich eine Linie derselben begeben hatte, führt auch wie diese einen Lindenbaum im Wappen.

Löben, von.

S. Sinapius. I. S. 603. Grosser, Lausitzer Merkw. T. III. S. 48. Grässe, Sächs. Sagenschatz. Bd. II. S. 113. Nr. 725.

Dieses alte schlesische und meissnische Geschlecht zeigt als Wappen einen abgetheilten Schild, oben blau, darin ein halbes Mohrenbild einer Königin, an der Stirne mit einer Binde umbunden, wovon beide Enden, das oberste roth, das andere weiss, zur Rechten hinausfliegen, und unten ein roth und weiss gewürfeltes Schachspiel, auf dem gekrönten Helme aber sieht man dasselbe halbe Mohrenbild wie im Schilde. Man erzählt auch, diese Familie habe ihr Wappen von der Mohrenkönigin Pelusa erhalten, weil einer aus ihrer deutschen Leibwache, der Urheber des Löbenschen Geschlechtes, ein tapferer deutscher Kriegsmann, mit Namen Daniel Lost oder Loss, ihr ein Spiel Schach mit Einsatz seines Leben abgewonnen und darauf zur Vergeltung seiner Heldenthaten im Jahre 733 von besagter Königin in ihrer Residenzstadt Meroe zu einem Ritter vom roth und weissen Bande soll geschlagen, auch seines Löwenmuthes wegen den Geschlechtsnamen von Löben oder Löwen zu führen berechtigt worden sein. Nach einer anderen Nachricht sei er im Jahre 733 in die Hände der Ungläubigen gefallen und habe mit besagter Königin um seinen Kopf eine Parthie Schach spielen müssen, er habe gewonnen, eine grosse Summe Geldes erhalten und sei von ihr zum Feldherrn in ihren Kämpfen gegen den König von Aegypten ernannt worden, und weil er überall muthig sein

Leben für sie aufs Spiel gesetzt, habe er von ihr den Namen „Leben" und ihr Bild im Wappen zu führen das Recht bekommen.

Löser, von.

S. Peccenstein. Th. I. S. 176. Grässe, Sächs. Sagenschatz. Bd. I. S. 230. Nr. 255.

Als der Markgraf Waldemar von Brandenburg den Markgrafen Friedrich von Meissen überfallen, geschlagen und gefangen genommen hatte, verlangte er als Lösegeld von ihm einige Städte in Meissen und forderte den meissnischen Adel auf, in dieses sein Begehr zu willigen. Die Ritter haben geantwortet, er solle nur ihren gefangenen Herrn an einen bestimmten Ort bringen, damit sie ihn selbst sehen und sprechen könnten. Als nun Waldemar eingewilligt und Zeit und Ort bestimmt hatte, ist die meissnische Ritterschaft mit solcher Macht erschienen, dass sie nicht blos ihren Herrn freimachten, sondern auch den Brandenburger fingen und nach Altenburg führten. Weil nun aber die Erbmarschälle von Meissen zu diesem Anschlage nicht blos den Plan entworfen hatten, sondern auch bei der Befreiung ihres Herrn selbst am thätigsten gewesen waren, also eigentlich ihn erlöst hatten, hat man sie, die vorher die Rehburger hiessen, auch ein Reh im Wappen führten und einem Dorfe in der Lochauer Haide den Namen gegeben hatten, von Löser genannt.

Löwe von Rozmital.

S. Gauhen. Th. I. S. 934.

Diese Familie stammt von jenem böhmischen Ritter Biwoy ab, der einst ein lebendiges wildes Schwein, nachdem er es mit eigener Hand gefangen hatte, seinem Fürsten überbrachte, worauf er eine wilde Sau ins Wappen bekam. Seine Nachkommen haben nun dieses Wappen im Jahre 1225 vom König Przemislaus mit

einem Löwen vermehrt bekommen, worauf sie sich Löwe nannten
und den Beinamen von Rozmital von ihrem im Prachenser Kreise
gelegenen Schlosse Rozmital entlehnt haben.

Loss, von.

S. Sinapius. I. S. 611.

Dieses alte Meissnische Geschlecht, welches im rothen Schilde einen auf allen Vieren
ausgestreckten grünen Frosch, der mit einem
grünen Kranze umgeben ist, führt, hat seinen
Namen daher erhalten, weil sie einst in einer
hochwichtigen Sache im Kriege loosen mussten und ihnen das Loos aufs Günstigste gefallen war. Dasselbe erzählt man auch von der Familie von
Löser und setzt den Vorfall in die Zeit des Markgrafen Friedrich
mit der gebissenen Wange.

Lüttichau, von.

Poetisch behandelt von Hesekiel, Wappensagen S. 175.

Das Wappenzeichen der Herren von Lüttichau sind zwei Sicheln und drei schwarze
Federn. Die Sage erzählt hierüber Folgendes.
Es soll einst ein deutscher Kaiser in den
Niederlanden gegen die Franzosen im Felde
gestanden haben und in der Nähe von Lüttich
mit dem feindlichen Heere zusammengestossen
sein. Anfangs waren diese im Vortheil, allein
ein adliger Junker aus Meissen, der bei der böhmischen Reiterei
des Kaisers diente und sich durch drei schwarze Federn auf seinem Helme auszeichnete, deshalb auch den Namen „der schwarze
Hahn" erhalten hatte, hat sich mit seinen Leuten so wüthend in
die Reihen der Gegner gestürzt, dass er sie sprengte und die
Kaiserlichen die Schlacht gewannen. Da hat ihm der Kaiser aus
Dankbarkeit den Namen Lüttichau, weil er in Lüttich's Auen den
Sieg gewonnen hatte, und als Wappen zwei Sicheln, weil er die
Feinde wie Korn abgemäht, verliehen.

Lynar, von.

S. K. Haupt, Sagenbuch der Lausitz. (Leipzig, 1862) Bd. I. S. 75, Grässe, Sächs. Sagenschatz. Nr. 251. Bd. I. S. 226.

Das alte Schloss Lübbenau in der Niederlausitz, das schon seit dem fünfzehnten Jahrhundert steht, gehört den Grafen von Lynar, welche aus Toscana in Italien hierhergekommen sind. Auf dem Schlosse findet sich noch das Bild eines alten Ritters, zu dessen Haupte die Worte stehen: „mit deme Grave Roch in Deutschland kommen." Allein diese Familie ist von Hause aus ganz arm nach Deutschland gekommen und ihr nachheriger Reichthum hat folgenden Grund.

Es hausen heute noch um Lübbenau in den vielen hundert Armen der Spree viele Wasserschlangen, die aber ganz unschädlich sind und den dortigen Bewohnern weiter nichts Böses zufügen, als dass sie den Kühen angeblich die Milch aussaugen. Ueberhaupt giebt es in jedem Hause zwei Hausschlangen, eine männliche und eine weibliche, die mit dem Hausherrn und der Hausfrau gewissermassen in geistigem und leiblichem Connex stehen; stirbt jener, so stirbt auch die männliche Schlange, wogegen bei dem Tode der Hausfrau die weibliche todt angetroffen wird, sonst sieht man sie nie. Diese Schlangen hatten früher einen König, eine sehr grosse und lange Schlange, welche auf dem Kopfe zwei Haken hatte, die eine elfenbeinerne (oder goldene) Krone von unschätzbarem Werthe trugen. Als nun der Urahnherr der Lausitzer Lynare nach der Oberlausitz kam, nachdem er Italien in Folge der Bürgerkriege in seiner Vaterstadt hatte verlassen müssen, und diese Sage hörte, beschloss er, der ein kühner und schlauer Mann war, sich in Besitz dieser Krone zu setzen. Er wusste, dass der Schlangenkönig, wenn er mit seinen Genossen im Sonnenschein spielen wollte, die Krone ablegte und zwar gern auf reinliche und weisse Sachen. Er breitete also an einem schönen Maitage auf einem grünen Platze, da wo jetzt das Schloss steht, ein feines weisses, grosses Tuch aus und versteckte sich nicht weit davon

7*

hinter einem Erlengebüsch an der Schnecke, aber wohlweislich zu Pferde, um desto leichter der Gefahr entgehen zu können. Da kam denn nun auch richtig der Schlangenkönig, und mit ihm ein grosses Gefolge von Schlangen. Derselbe legte auch seine Krone auf das weisse Tuch, schlängelte sich dann hinauf auf den Berg, wo jetzt die Eisgrube ist, und alle seine Gesellen mit ihm, und sie begannen zu züngeln und im Sonnenscheine zu spielen, dass es gar lustig anzusehen war. Da ritt der Ritter sachte herbei, fasste das Tuch mit der Krone an allen vier Zipfeln zusammen und gab alsbald dem Rosse die Sporen. Augenblicklich hört er ein helles Pfeifen und plötzlich schiessen die Schlangen vom Berge herab und andere kommen rechts und links aus dem Wasser in unzähliger Menge, und alle fahren hinter ihm her wie feurige Blitze und sind schon ganz hinter ihm. Da kommt der Ritter an eine grosse Mauer, die quer vor ihm ist, und er kann nicht weiter und die Schlangen sind auf seinen Fersen. Da macht sein treues Ross einen verzweifelten Sprung und der Ritter kommt glücklich hinüber und ins Freie; die Schlangen aber konnten ihm nicht folgen. Es sind aber die kostbarsten Edelsteine in der Krone gewesen, und davon hat er die Herrschaft Lübbenau gekauft und nicht weit von der Stelle, wo er den Schatz erobert, das Schloss erbaut. Den Schlangenkönig und die Mauer aber hat er in sein Wappen aufgenommen.

Lys, von.
S. Sinapius II. S. 796.

Diese Familie führt im blauen Schilde ein mit der Spitze in die Höhe gekehrtes silbernes Schwert; auf jeder Seite desselben aber befindet sich eine goldene Lilie. Das kommt daher, dass sie von dem Bruder der frommen Jeanne d'Arc, welche bekanntlich 1429 die von den Engländern bedrängte Stadt Orleans entsetzte, herstammt. Sie erhielt dafür das Schwert der Jungfrau von Orleans ins Wappen.

Malsburg, von.

S. Grimm, Deutsche Sagen. Bd. II. Nr. 574. S. 319.

Die Herren von der Malsburg gehören zu dem ältesten Adel in Hessen und erzählen über ihre Abkunft folgende Sage. Zu der Zeit, wo Karl der Grosse den Brunsberg in Westphalen eroberte und seine Getreuen für die ihm geleisteten Dienste belohnen wollte, hat er auch einen Edelmann, Namens Otto, im Felde vor sich gerufen und ihm erlaubt, dass er sich den Fels und Berg, worauf er in der Ferne hindeutete, ausmalen (d. h. eingrenzen, bezeichnen) solle und für sich und seine Erben dort eine Veste erbauen dürfe. Der Edelmann bestieg auch den Felsen, um sich den Ort zu besehen, ihn auszumalen und zu beziehen. Da fand er auf der Höhe einen Dornstrauch mit drei weissen Blumen, die nahm er zum Mal-, Kenn- und Merkzeichen. Als ihn nun der König frug, wie ihm der Berg gefalle, erzählte er, dass er oben einen Dornbusch mit drei weissen Rosen gefunden habe. Der König aber sonderte ihm den Schild in zwei gleiche Theile, oben einen Löwen und unten drei weisse Rosen. An dem ausgemalten Orte aber baute Otto nachher seine Burg und nannte sie Malsburg, welcher Name nachher bei dem Geschlechte verblieben ist; dasselbe führt auch den ihm zugetheilten Schild noch heute fort.

Maltzan, von.

Poetisch behandelt von Hesekiel, Wappensagen. S. 177.

Das alte Wappen der mit den Königsgeschlechtern der polnischen Piasten, der böhmischen Podiebrad, der preussischen Hohenzollern und der Obotritischen Fürstengeschlechter Mecklenburgs vielfach verwandten Familie Maltzan ist ein rother Weinstock im goldenen Schilde. Als Ursprung desselben erzählt man folgende Sage. Es soll der Urahn dieses Geschlechtes einer von den starrgläubigen heidnischen Wenden gewesen sein und der alten Religion selbst dann noch angehangen haben, als ihn seine Frau und sein Sohn verlassen hatten, um sich taufen zu lassen. Er eilte ihnen bis zur Kirche, wo sie der Predigt lauschten, nach, trat zornig ein, ward aber von der Rede des Priesters, der das Gleichniss vom Weinstock und den Reben auslegte, so gerührt, dass er sich entschloss, den Christenglauben anzunehmen. In der Taufe erhielt er den Namen Ludger, allein das Volk nannte ihn immer noch Maltzan nach der Benennung des alten Götterhains, wo er die Götzenbilder seiner frühern heidnischen Glaubensgenossen bewacht hatte — dies war nämlich sein Amt gewesen. An demselben Orte erbauten nachher er, seine Gattin Gisela und sein Sohn Bolko das den Namen Engelmünster führende Kloster, den Weinstock mit den Reben nahmen sie aber in ihr Wappenschild auf.

Mannsfeld, von.

S. Fischer, Geschichte der Preuss. Ritterburgen. Bd. II. S. 344.

Die Grafen von Mannsfeld führen Gerstenkörner in ihrem Wappen, angeblich nach folgender Begebenheit. Als Kaiser Heinrich IV. einst in seiner Pfalz Wallhausen in der güldenen Aue weilte, trat ein Ritter aus seinem Gefolge vor ihn und bat ihn, er solle ihm ein Stück Feld, welches an die güldene Aue grenze, zum Eigenthum schenken, es solle auch nicht grösser sein, als er es mit einem Scheffel Gerste zu umsäen im Stande sei. Heinrich lachte über die sonderbare Bitte, gewährte sie aber, weil er den Ritter sonst sehr gern hatte. Nachdem nun derselbe mit einem Scheffel Gerste die Grenzen der heutigen Grafschaft Mannsfeld bezeichnet hatte, erfüllte Neid die übrigen Lehnsträger des Kaisers, sie behaupteten, er habe diesen listig hintergangen und verklagten ihn beim Kaiser. Der aber versetzte: „sein Versprechen muss man halten; das ist und bleibt des Mannes Feld!" Daher blieb ihm der Name „Mannsfeld", und zum Andenken setzte er die Gerstenkörner, welche die Heraldiker Wecken nennen, in sein Wappen.

Manteuffel, von.

S. Temme, Die Volkssagen von Pommern. S. 95.

Das Geschlecht derer von Manteuffel
blühte vor Zeiten besonders in Pommern.
Sie waren da sehr angesehn und mächtig
und führten anfangs den Namen von Queren.
Weil sie aber gar so boshaft, räuberisch und
mörderisch gewesen, hat man auf gut
Pommerisch von ihnen gesagt: „id sind man
Düwel", welches soviel heissen soll als: das
sind ja nur Teufel und keine Menschen.
Davon ist es gekommen, dass man sie Manteuffel nannte, welchen
Namen sie nachher selbst annahmen, und der sich dann auf ihr
ganzes Geschlecht ausbreitete.

Marwitz, von der.

Poetisch behandelt von Heseckiel, Wappensagen. S. 186.

Die Herren von der Marwitz führen in
ihrem Wappen einen Baum mit der Devise
revirescit (grünt wieder) am Schildrande und
als Helmzierde das Brustbild einer Jungfrau.
Dies bezieht sich darauf, dass einst, als das ganze
Geschlecht der Marwitze bis auf eine Jungfrau
ausgestorben war, diese sich mit der Bitte an den
Kaiser wendete, er möge erlauben, dass ihr Verlobter ihren Namen und ihr Wappen annehme, was ihr dieser auch
gewährte, nur musste er sich statt „von Marwitz" „von der Marwitz" nennen.

Matzenheim, von.

S. Stöber, Sagen des Elsass. S. 151.

Das elsässische Adelsgeschlecht der Herren von Matzenheim verdankt seinen Ursprung eigentlich dem Wirthshause. Einer nämlich aus dem Geschlechte der Herren von Utenheim hat sich fast immer im Wirthshause zu Matzenheim aufgehalten und dort all seine Habe und Gut verzehrt, sodass sein Pferd sich hieran auch so gewöhnt hatte, dass, wenn sein Herr mit ihm bis an dieses Wirthshaus gekommen war, es nicht weiter zu bringen war. Daher hat man ihn spottweise den Matzenheimer genannt, seine Nachkommen haben nun das Utenheimer Wappen behalten, den Namen aber fallen lassen und sich Herren von Matzenheim genannt.

Metternich.

S. Hormayr, Taschenbuch. 1827. S. 378.

Ueber den Urahnherr dieses berühmten Geschlechtes existirt folgende Sage. Kaiser Heinrich der Heilige, der letzte sächsische Kaiser, hatte einen an Geschlecht und Tapferkeit gleich vornehmen Hauptmann der Leibwache, Metter geheissen, und hielt auf ihn wie auf keinen Andern in seiner Umgebung mehr. Dadurch ward aber der Neid einiger Hofherren erregt und sie schrieben einen Brief voll höllischer Lügen und verrätherischer Anschläge, indem sie Metters Schriftzüge täuschend nachmachten, als wäre er von diesem selbst geschrieben, und spielten ihn arglistig wie durch Zufall in die Hände des Kaisers. Allein das Vertrauen desselben war fester wie Eisen; nachdem er ihn gelesen, legte er ihn ruhig bei Seite und sprach: O Metter nicht! Diese Worte gingen sogleich von Mund zu Mund und als Metter eintrat, rief Alles bei seinem Anblick jenes „Metter nicht" ihm entgegen als sein bestes Lob. Auf diese Weise ist dieser Ausspruch für ihn und seine Nachkommen sein Zuname geblieben.

Microsowsky, von.

S. Sinapius. II. S. 808.

Diese polnische Familie stammt aus dem Hause Bogoria, welches im rothen Schilde zwei zerbrochene weisse Pfeile führte, deren Spitzen abgebrochen sind, eine über sich, die andere unter sich gekehrt. Auf dem gekrönten Helme erscheint ein Pfau mit ausgebreitetem Schwanze, welcher im Munde einen zerbrochenen Pfeil trägt. Dieses Wappen erhielt der Urahnherr des Hauses dafür, dass er dem König Boleslaus im Jahre 1009 zwei Pfeile zeigte, die ihm im Treffen in die Brust geschossen worden waren.

Mitschefal, von.

S. Salon, 1875. Nr. 12. S. 1440.

Die niedersächsische Familie von Mitschefal hiess ursprünglich Seulingen, nach ihrem Stammschlosse im braunschweigischen Amte Giebelsee. Einst kamen bei einem Kreuzzuge nach Palästina zwei Ritter vom Heere ab, waren ganz erschöpft und nahe daran zu verschmachten. Beide loosten nun darum, wer von ihnen gehen sollte, um Wasser zu holen oder ein Obdach zu suchen. Der, den das Loos traf, nahm drei Zeltpfähle mit sich, um für alle Fälle den Rückweg wieder zu finden. Wie er den nächsten Hang hinabgeklettert war, fand er eine Quelle. Da steckte er einen Zeltpfahl ein und hing daran seine Mütze auf. Die anderen Pfähle dienten dazu, ihm den Rückweg zu bezeichnen. Wie neu belebt machte sich der Zurückgebliebene mit dem Andern auf die Wanderschaft. Endlich fanden sie das erwähnte Ziel, indem der Eine rief: sieh da die Mütze an dem Pfahl! Seit jener Zeit behielt der genannte Ritter den Namen Mützepfahl oder Mitschefal und nahm zu seinem Wappen drei silberne Zeltpfähle in Blau an, als Helmzier oder Kleinod aber eine weisse Mütze mit blauem Umschlag.

Möllendorf, von.

S. Der Salon. 1875. Nr. 12. S. 1438. Poetisch behandelt ist die Sage von Gaudy, Schildsagen. S. 42 fg.

Das alte Geschlecht der Möllendorfe soll Namen und Wappen folgender Begebenheit verdanken. Es soll einst in einer waldigen Höhe Schlesiens versteckt eine Mühle gestanden haben. Dorthin ist einmal ein junges Mädchen gekommen und hat um Aufnahme gebeten und dieselbe auch als Magd gefunden. Der junge Müllerssohn aber hat sich in sie verliebt, allein nie gewagt, ihr seine Liebe zu gestehen, da sie sich immer sehr verschlossen gegen Jedermann gezeigt hat. Einst sass sie im Freien unter einem Baume im Garten und spann, da kam ein prächtig gekleideter Ritter, begleitet von zahlreichen Reisigen, sprang vom Rosse, beugte ehrerbietig seine Knie vor ihr und sagte, er sei von dem Könige, ihrem Vater, abgesendet, um sie wieder in das Land ihrer Väter zurückzuführen. Ein fremder Fürst hatte nämlich ihren Vater aus seinem Reiche vertrieben, ihre sieben Brüder waren im Kampfe gefallen und sie selbst im Gewande einer Magd geflüchtet. Scheu wollte sich bei diesem Anblick der Müllerssohn zurückziehen, sie hiess ihn aber ihr zum Schlosse ihres Vaters folgen und dieser verlieh ihm, als er gehört, was die Müllersleute für sie gethan hatten, den Adel und erlaubte ihm, auf seinen Helm im Wappen das Bild seiner Tochter mit der Fürstenkrone, indem sie mit der Rechten ein Mühlrad hält, zu setzen und gab sie ihm dann selbst zur Gemahlin. Der frühere Name Mühlendorf aber ging mit der Zeit in Möllendorf über.

Monteverques, von.

S. Sinapius I. S. 221.

Der Ursprung dieses freiherrlichen Geschlechtes ist in Spanien zu suchen und der Zuname Monteverques von dem in der Grafschaft Avignon in Frankreich gelegenen Schlosse gleichen Namens abzuleiten. Die Bedeutung ihres Wappens aber, darin sie ein

Schloss mit offener Pforte und einem laufenden Wolfe nebst der Umschrift: Salutem ex inimicis nostris, führen, wird aus folgender Geschichte erklärt.

In Spanien, auf einem baufälligen alten Rittersitze, sass einer dieses Geschlechtes. Eines Tages nun, als die Jäger gerade dem Wilde nachjagten, war gedachter Geschlechtsverwandter oben in seinem Zimmer unter wichtigen Geschäften emsig mit alten Schriften beschäftigt. Unversehens kommt aber durch die offene Pforte des Rittersitzes im vollen Laufe ein Wolf herein, rennt hinauf in des Ritters Zimmer, ergreift auf der Tafel ein Gebund Briefe mit den Zähnen und läuft eilends damit davon. Der Ritter, dem an den Briefen viel gelegen war, ruft mit lauter Stimme nach seinen Dienern, welche mit Prügeln und anderen Handgewehren sammt ihrem Herrn und den anderen Inwohnern des Hauses dem Wolfe nacheilten. Als sie nun allesammt aus der alten Wohnung herauswaren, stürzte dieselbe plötzlich zusammen und so sind sie also von einem Wolfe wunderbarlich errettet worden, zu dessen Gedächtniss denn auch die offene Pforte sammt dem Wolfe mit dem lateinischen Spruche von ihnen im Wappen geführt wird.

Mordeisen, von.
S. Sinapius. II. S. 815.

Dies Geschlecht hat seinen Namen daher, dass sich der Urahnherr gegen die Mohren in Spanien so tapfer gehalten und mit einer Eisenstange ihrer eine grosse Zahl erlegte. Dafür ist er geadelt worden, und ins Wappen hat er einen unten abgekürzten Mohren, der eine eiserne Stange in der Hand hält, nebst einer rothen Blutbinde um den Kopf ins Schild erhalten.

Morstein, von.
S. Gauhen. Th. II. S. 743.

Diese alte preussische und polnische Adelsfamilie hat vor Zeiten Mondstern geheissen, indem sie im Wappen einen Stern und halben Mond führt, hat auch anfangs am Rhein gewohnt, wo auch ihr Stammhaus Mondstern gelegen war. Ein Specimir Mondstern aber hat sich zur Zeit Königs Wladislaws I. nach Polen begeben und ist in der Landessprache Leliva (d. h. Mondstern) genannt worden. Seine Nachkommen haben sich hernach in mehrere Linien getheilt und sich nach ihren Rittersitzen genannt, z. B. die Grafen von Tarnow. Eine Linie davon hat jedoch den Namen Mondstern behalten und dieser ist durch die polnische Aussprache in Morstein verwandelt worden. (S. unten S. 115.)

Moschewsky und Morawerzina, von.

S. Sinapius. I. S. 650. Okolski. T. I. p. 102.

Diese Familie führt im Schilde zwei zerbrochene Schlittenkuffen, angeblich darum, weil ihr Urahnherr, Namens Cholewa, unter dem König Zemomislaus in Polen im Jahre 921, bei dem er in grossen Gnaden gestanden, eine besondere Art von Schlitten oder Wagen erfunden hatte, auf welchem man ohne Gefahr und Schütteln habe sitzen und fahren können. Als er aber einmal einen Versuch damit hat thun müssen, von einem Berge herunter zu fahren, habe er aus Aerger, dass ihm diese Erfindung zum Unglück dienen könne, den Wagen zerschlagen und die Kuffen ins Wappen erhalten. Nach einer anderen Sage sind es keine Kuffen, sondern eiserne Griffe, zwischen denen ein Schwert. Dieses Wappen habe einst ein Zimmermann von Boleslaus Chrobri erhalten, dem er bei der Verfolgung von Feinden, seine Instrumente bei Seite legend, einen Weg durch einen dichten und morastigen Wald gezeigt habe.

Motte-Fouqué, de la.

Die Sage von ihrem Ursprung besingt Gaudy, Schildsagen. S. 19 fg.

Diese früher in Frankreich ansässige Familie leitet ihren Ursprung von einem jener alten nordischen Seekönige ab, welche von Andern aus ihrem Vaterlande Norwegen oder Island vertrieben, sich ein neues Vaterland im Süden erobern mussten. Darauf deutet auch das von ihnen dort gewählte Wappen. Das blaue Schild soll das Meer bedeuten, der breite Streif in der Mitte desselben die breite Bahn, welche sie auf ihren Zügen zu durchmessen hatten, und die Kugel im untern Theile des Schildes, dass, wie diese bald hierhin, bald dorthin rollt, so auch die alten nordischen Seekönige nirgends Ruhe noch Rast hatten.

Münchhausen, von.

S. Gauhen. Th. I. S. 1060.

Diese in Niedersachsen und Thüringen ansässige Familie hat früher blos von Hausen geheissen, nachdem sie aber bis auf einen Mönch, der sich im Kloster Loccum aufhielt, ausgestorben war, hat der Papst demselben die Erlaubniss ertheilt, in den Stand der Ehe zu treten, worauf er einen Sohn Namens Heine zeugte, der mit Kaiser Friedrich II. gegen die Sarazenen zog, im Jahre 1212 mit dem Hause Sparenberg belehnt wurde und von da ab Münchhausen genannt ward. Deshalb führt dieses Geschlecht auch einen Mönch im Wappen.

Nadasdy, von.

S. Hormayr, Taschenbuch. 1825. S. 250.

Der Urahnherr dieser ungarischen Magnatenfamilie war ein englischer Ritter, Namens Ospedin, der unter König Stephan mit den von dem Dänenkönig Kanut aus England vertriebenen Prinzen Edmund und Eduard am ungarischen Hofe eine Zuflucht gesucht hatte. Auch nach Eduards Rückkehr nach England (1054) blieb er im Lande und machte von seinen an der croatischen Küste erworbenen Besitzungen aus so kühne Fahrten, dass ihm

der Name des Britanniers blieb und seine Nachbarn ihm den Beinamen Butiko (Ente) gaben, der ihm so gefiel, dass er dieses Thier
in sein Wappen aufnahm. Nach 1250 nannten sich seine Nachkommen nach dem Hauptorte ihres Gebietes Prodarits, dann als
sie Nadasd erworben hatten, Prodarits von Nadasd und endlich blos
Nadasd.

Nidda, von.
S. Grimm, Deutsche Sagen. Bd. II. Nr. 573. S 317.

Eine Gräfin in Hessen hatte einmal das Gelübde
gethan, an der Stelle, wo der Esel, auf dem sie zu
diesem Zwecke ausritt, mit ihr stehen bleiben würde,
ein Schloss zu bauen. Als nun der Esel in einer
sumpfigen Gegend stehen blieb, soll sie gerufen haben:
„nit da! nit da!" Allein das fruchtete nichts, das Thier war nicht
von dem Platze weg zu bringen. Sie baute also wirklich ihr
Schloss dahin, welches gleich der später da entstandenen Stadt und
ihrem Geschlechte den Namen Nidda erhielt, die nahegelegene
Wiese aber erhielt und behielt den Namen der Eselswiese, und
das Schloss nahmen sie in ihr Wappen auf.

Niebelschütz, von.
S. Sinapius. I. S. 664.

Dieses alte Adelsgeschlecht, welches im
Jahre 1306 nach Schlesien gekommen sein soll,
soll seinen Namen durch die Geschicklichkeit
seines Urahnherrn im Armbrust- und Pfeil-
schiessen erhalten haben und eigentlich „Nie
übel Schütz" heissen. Es führt im blauen
Schilde zwei abgehauene weisse Schwanhälse
mit rothen Schnäbeln, deren Köpfe gegen ein-
ander gerichtet und deren Hälse etwas gebogen sind. Dieses Wappen
soll ihnen entweder von einem britannischen König, welcher ein
Schwanenbild führte, zu tragen erlaubt worden sein oder mögen
sie es von einem Herzog von Cleve und Brabant oder von einem
Kurfürsten von Trier für gute Kriegsdienste erhalten haben.

Nostitz, von.

S. Sinapius. I. S. 69. II. S. 158. Grässe, Sächs. Sagenschatz. Bd. I. S. 230. Nr. 254.

Das alte Geschlechtswappen dieser berühmten Familie zeigt im blauen Schilde zwei roth und weiss abgetheilte oder gewürfelte und ihre am oberen Ende mit einer Oeffnung versehenen Spitzen auswärts kehrenden Hörner. Diese Hörner sollen aber sogenannte Zinken oder musicalische Hörner andeuten und dieselben sollen den Ursprung des Stammes Nostitz erklären, denn im Böhmischen heissen solche Krummhörner Nasadisste oder Nossatecz und daher kommt der Name Nostitz. Nach einer anderen Sage besässen aber die Nostitze fünf rothe Linksschrägbalken im silbernen Schilde seit der Schlacht auf dem Marchfelde. Hier soll nämlich nach vollbrachtem Kampfe Rudolph von Habsburg einem Nostitz die Hand gereicht haben. Ehe dieser mit seiner von Wunden blutigen Rechten dieselbe ergreifen konnte, zog er sie eilig über seinen weissen Waffenrock und die fünf von seinen blutigen Fingern herrührenden rothen Streifen, die sich auf diesem zeigten, blieben fortan das Wappen dieses Geschlechtes.*)

Nothaft von Wernberg.

S. Gauhen. Th. I. S. 117. Ihr Ursprung ist besungen von Gaudy, Schildsagen. S. 28.

Diese baierische Familie führt ihren Beinamen von ihrem Stammschlosse Wernberg in der Landgrafschaft Leuchtenberg, ihr Ursprung aber wird von dem Urenkel Radbods, des ersten Friesenkönigs, Heinrich hergeleitet, der 1280 das Schloss Wernberg erwarb und sich davon nannte. Einer seiner Nachkommen zog in das gelobte Land und galt, nachdem er zwölf Jahre

*) Hier liegt eine Verwechslung mit dem Wappen der alten Familie von Aiswein vor, welche das letztgedachte Wappen führt: die Nostitze haben nie ein anderes als das obige gehabt.

abwesend gewesen war, als todt. Da begab es sich, dass einst ein alter Pilger an das Thor des Schlosses kam und Einlass begehrte. Es war der todtgeglaubte Schlossherr, allein Niemand erkannte ihn wieder, weder Gemahlin noch Kinder noch Dienstleute, nur ein alter Hund wedelte ihm entgegen und bezeigte seine Freude über seine Rückkehr. Dadurch ward man aufmerksam. Er gab sich zu erkennen, erzählte seine Schicksale und weil er lange in Gefangenschaft und bitterer Noth gelebt, nahm er für sich und seine Nachkommen den Namen Nothaft an, das Bild des treuen Hundes aber setzte er als Helmzierde auf sein Wappen.

Oesterreich.

S. F. v. H., Die Burgvesten der österr. Monarchie. Wien, 1839. Bd. I. S. 51.

Im Herzschilde des österreichischen Wappens erblickt man einen silbernen Streifen im rothen Felde. Dieses Zeichen soll für alle Zeiten an die Tapferkeit des Herzogs von Oesterreich, Leopolds des Tugendhaften von Babenberg, erinnern, der in einem Treffen gegen Sultan Saladin (1190) im gelobten Lande mit solch wildem Muthe sich durch das dichteste Gedränge der Ungläubigen durchschlug, dass sein ganzer weisser Waffenrock bis auf den Theil, den um die Hüften das Wehrgehenge bedeckte, blutig gefärbt war. Dies ist der Ursprung der Farben und des Wappenschildes von Oesterreich.

Oertzen, von.

Poetisch behandelt von Hesekiel, Wappensagen. S. 205.

Das Oertzensche Wappen zeigt im rothen Schilde zwei in Silber geharnischte Arme, welche einen Ring halten. Der Urahnherr dieses Hauses soll dieses Wappen vom Kaiser erhalten haben zum Andenken, dass er als der einzige aller seiner Ritter nach einer neuntägigen Schlacht am Leben geblieben war. Weil er ganz in Erz gepanzert gewesen war und wie Erz den Feinden widerstanden hatte, gab ihm der Kaiser den Beinamen: Erzen oder Oertzen.

Oheimb, von.

S. Bechstein, Sage, Mythe etc. Bd. II. S. 176.

Diese in der fürstlich lippeschen Grafschaft angesessene Adelsfamilie hat folgende Sage über den Ursprung ihres Wappens. Als
der Kaiser Maximilian sich auf der sogenannten Martinswand bei
Zirl so verstiegen hatte, dass er sich bereits für unrettbar verloren
ansah, soll der Urahnherr jenes Geschlechtes, ein aller Gebirgs-
steige kundiger Gemsenjäger, zufällig zu jener Höhle, wo sich der
Kaiser befand, gekommen sein und ihn mit den Worten angeredet
haben: „o heimb", d. h. gehe heim. Hierauf hat er den Kaiser
sicher wieder zu seinem Gefolge ins Thal herabgeleitet. Der
Kaiser aber hat aus Dankbarkeit seinem Retter aus der augen-
scheinlichsten Lebensgefahr sofort den Ritterschlag ertheilt, seinen
Namen in den Namen Oheimb umgewandelt und ihm in das
silberne Wappenschild den Obertheil eines Gemsenschädels sammt
Gehörn und Ohren verliehen, aus welchem Schädel sieben Bluts-
tropfen fallen.

Opalinsky, von.

S. Gauhen Th 11. S. 1691.

Diese aus Polen nach Schlesien gekommene Familie führt ein
goldenes Schiff im rothen Schilde, weil aber Lodzin im Polnischen
ein Schiff bedeutet, wird angenommen, dass sie zu dem polnischen
Stamme Lodzin gehört und schon 969 vorkommt. Von ihrem
Rittersitze Bnin hat sie den Namen Bnin angenommen.

Oppel, von.

S. Gauhen Th. I. S. 1135.

Die Herren von Oppel, welche aus Oesterreich stammen, führen in ihrem Wappen deshalb einen eisernen Schiffshaken, weil sie in
einem Treffen mit den Sarazenen den Feind
mit dieser Waffe in die Flucht geschlagen
haben sollen.

Orlamünde, von.

S. Bechstein, Sage, Mythe etc. Bd. II. S. 163.

Das Löwenschild der Grafschaft Orlamünde ist mit rothen Herzen bestreut. Als Erklärung dieses Zeichens führt man folgende Sage an. Einst hat ein Kaiser von einem tapferen Grafen von Orlamünde rühmend also gesprochen: „von diesem Manne muss man nicht nur sagen, er hat Herz, sondern er hat Herzen" und darum hat er ihm dann die Herzen ins Wappenschild gesetzt.

Pardubitz und Stara, von.

S. Hormayr. 1831. S. 228.

Als Kaiser Friedrich Barbarossa im Jahre 1158 Mailand belagerte, war ihm auch Herzog Wladislaw von Böhmen mit vielen böhmischen Rittern zu Hilfe gezogen. Im Dunkel einer Nacht erstiegen die Böhmen die Mauern der belagerten Stadt und drangen bis auf den Markt vor, allein hier kamen ihnen die Mailänder entgegen, es entstand ein heftiger Kampf und die Uebermacht der Bürger drängte die bisherigen Sieger zurück. Vorher sprengten sie jedoch das Thor und hatten sich so den Rückzug gesichert. Es gelang auch Allen zu entkommen, nur Geschek von Pardubitz verweilte am längsten im Thore, noch immer kämpfend, und als er endlich den Seinigen folgen wollte, rief man von der Stadt aus dem Thürmer zu, er möge das Seil zerhauen, womit das Fallgitter befestigt war. Dies geschah auch und das herabstürzende Gitter fiel dergestalt auf Gescheks Ross, dass es von der ungeheuren Gewalt in zwei Hälften getheilt ward. „Das halbe Ross, Ihr Wälschen, schenke ich Euch!" rief der Ritter und schleppte die andere Hälfte ins böhmische Lager, wo ihm Wladislaw entgegenrief: „Dies soll Dir und Deinem Stamme zum Ehrenzeichen dienen!" Am anderen Tage aber schlug er Geschek zum Ritter und verlieh den Herren von Pardubitz und Stara ein halbes weisses Ross im rothen Felde zum Wappen.

Paulowsky, von.

S. Gauhen Th. II. S. 865.

Diese alte mährische und schlesische Adelsfamilie stammt aus Litthauen, wo sich ihr Stammsitz Paulowo befindet. Ihr Ahnherr soll ein Herr von Haugwitz aus Schlesien gewesen sein, der auf dem Reichstage das Indigenat erhielt und mit dem Ritter- sitze Paulowo beschenkt wurde, von dem er dann den Namen annahm. Nach einer anderen Sage hätte aber der Urahnherr dieser Familie am Rhein gewohnt, ein Schloss Morstein zur Be- lohnung seiner Tapferkeit erhalten und im Wappen den Mond mit einem Stern bekommen. Nachmals hätte sich einer seiner Nach- kommen nach Polen begeben und das Geschlecht Leliva begründet. (S. oben S. 107 fg.)

Peilstein, von.

S. Fischer, Ritterburgen Deutschlands. Bd. III. S. 321.

Die Grafen von Peilstein im sogenannten Mühlviertel in Oberösterreich, deren Familie aber bereits im dreizehnten Jahr- hundert ausstarb, führten in ihrem Wappen einen auf einem drei- fachen Felsen sitzenden und zum Flug geschickten Falken. Die Ursache war die, dass einem Grafen aus dieser Familie einst ein sehr gut abgerichteter Falke entflohen war; überall forschte man dem Flüchtlinge nach, endlich fand man ihn auf einem dreifachen Felsen sitzen. Dem Grafen gefiel aber diese Gegend so, dass er auf dem Felsen das nach jenem Falken so genannte Schloss Falkenstein erbaute, das noch steht.

Pelgrzim, von.

S. Sinapius. II. S. 860 nach Okolski. T. II. p. 420.

Diese polnische Familie zeigt einen getheilten Schild, darin ein halber Löwe, welcher aus einer Mauer herausspringt. Damit soll erklärt werden, dass einst ein polnischer Pilger in Afrika einen Löwen und Drachen mit einander kämpfen sah, da er sich

8*

dann dem Löwen beigesellt und durch sein Schwert den Drachen erlegte, wofür sich ihm der Löwe so dankbar bezeigte, dass er ihn bis an seinen Tod überall hinbegleitete und ihm diente.

Pernstein, von.

S. Illustr. Zeit. 1869. Nr. 1367.

Das Wappen der Grafen von Pernstein, die ihr Schloss fünf Meilen nordwestlich von Brünn am Ufer der Schwarzawa hatten, ist ein goldener Schild, der einen vorwärts sehenden Büffelkopf mit einem geflochtenen Ringe durch die Nase zeigt. Die Sage erzählt, der Urahn dieses Hauses sei ein Köhler gewesen, der, obwohl mit gewaltiger Leibeskraft versehen, sich doch nur dürftig von seinem Gewerbe ernährte. Jener Köhler hiess Wienawa und lebte zur Zeit des grossen Mährenreiches auf einem Berge bei Powonitz, dessen Gipfel die Ruinen der Burg Zuberstein trägt. Einen Büffel, der einst in seine Hütte drang, bewältigte er, zog ihm einen Ring von Messingdraht durch die Nase und führte ihn an den Hof des Königs, wo er ihm vor Aller Augen mit einem Streiche den Kopf abhieb. Ueber diese Kraft erstaunt, schenkte ihm der König alles Land, das er von seinem Berggipfel aus überschauen konnte. Prsten oder Perrstayn bezeichnete aber in der Landessprache einen Ring.

Pfalz.

S. Trithem. De origine Franc. bei Ludewig, Geschichtsschr. von Würzburg.
S. 1019. Schöppner, Bayerisches Sagenbuch. Bd. 1. Nr. 308. S. 302.

Ein gewisser Hildegast soll einst die Deutschen zum Kampfe gegen die Römer in Gallien begeistert haben; er war der Vertraute des Frankenkönigs Hilderich, Priester und Wahrsager zugleich. Einst feierte er (224) den Geburtstag seines Königs. Vor dem Altare einer heidnischen Gottheit stehend, deren Priester er war, ergriff ihn nach vollbrachtem Opfer das Feuer der Begeisterung, und er rief mit lauter Stimme: „ich sehe in die Zukunft; eine Gottheit aus Westen giebt den Sicambrern den Sieg, sie dringen hinüber ins Land der Gallier, sie herrschen in Germaniens Fluren, jenseits des Flusses weicht der fremde Adler zurück, als muthiger Löwe mit der Schlange Klugheit geht der Franke vorwärts im Römergebiete." Hilderich fand in diesen Worten eine Mahnung, ein neues Wappenschild zu wählen. Statt der frühern drei Frösche nahm er den Löwen in erhabener Stellung, mit offenem Rachen, ein Bild des Muthes und der Stärke. Der Kopf stand in blauem Felde, er sah über den Rhein in blaue Ferne, aus der er die Römer vertreiben sollte. Der Schweif war getheilt, die eine Hälfte endigte sich in eine Schlange, die einen Adler umfasste; sie sollte die Klugheit versinnbildlichen. Viele Jahre verflossen, bis der Löwe mit der Schlange vordrang. Nach dem Siege bei Zülpich wurde das letzte Hinderniss beseitigt. Noch ehe Chlodwig das linke Rheinufer betrat, hatten die Deutschen die Römer vertrieben. Weil nun der Adler entflohen war, verliess der Frankenkönig das Sinnbild seiner Väter und nahm die Lilien in sein Wappen, von denen ein christlicher Priester sagte, sie seien vom Himmel gefallen. Die übrigen Glieder seines Hauses behielten den Löwen und ihre Nachkommen haben ihn noch. Im bayerischen Wappen hält er das Schild, im pfälzischen war er in der Mitte wie auf den Seiten zu sehen.

Pfeil, von.

S. Illustr. Zeit. 1869. Nr. 1367. Poetisch behandelt von Hesekiel, Wappensagen. S. 214.

Das Wappen der Grafen von Pfeil in Schlesien führt zwei abgehauene und über einander gelegte Bärentatzen und hat als Schildhalter zwei schwarze Bären mit ausgestreckten rothen Zungen. Dies rührt davon her, dass der Stammvater der Familie im Jahre 1220 Heinrich den Bärtigen, den Gemahl der heiligen Hedwig und Herzog von Schlesien, aus den Klauen eines Bären durch einen geschickten Pfeilschuss befreit hatte.

Pflugk, von.

S. Peccenstein, Theatr. Saxon. I. S. 59. Gauhen Th. I. S. 1180. Grässe, Sächs. Sagenschatz. Bd. I. Nr. 71. S. 74.

Diese uralte sächsische Adelsfamilie stammt aus Böhmen. Ihr Ahnherr soll nämlich Herzog Przemislaus sein. Als derselbe noch als Landmann im Dorfe Stadiz (im Leitmeritzer Kreise, acht Meilen von Prag entfernt) lebte und einst (720) gerade mit Pflügen beschäftigt war, setzte er sich zur Mittagsstunde nieder und speiste sein Mittagsbrod auf dem Pflugschar. Da überraschten ihn die Gesandten der Königin Libussa und theilten ihm mit, dass diese ihn zu ihrem Gemahl und Herzog von Böhmen gewählt habe. Er bedachte sich nicht lange, sondern verliess den Pflug, steckte seine Reute in den Erdboden und folgte der Aufforderung. Die Reute aber schlug Wurzeln in der Erde und fing an zu grünen. Hierauf nahm er sie sammt dem Pflugschar in sein Wappen, welches sein jüngster Sohn behielt und sich davon Pflug nannte. Dieser ist der Stammvater der Pfluge (später schrieben sie sich Pflugk), welche um 1384 nach Meissen gekommen sein sollen, geworden.

Piotrowsky, von.

S. Sinapius. II. S. 865.

Diese Familie stammt von dem Hause Swinka, das im rothen Schilde einen Schweinskopf führt, dessen Untermaul von einer blaugekleideten Hand zerrissen wird; auf dem gekrönten Helme aber erscheint eine unten abgekürzte Jungfrau, grün gekleidet, mit fliegenden Haaren und auf die Brust gelegten Händen. Es hat nämlich ums Jahr 1148 der Herzog zu Siradien in den Wäldern gejagt, als plötzlich ein Wildschwein seinem Jagdhund zu mächtig ward. Da hat sich der Urahnherr dieser Familie hurtig auf das Schwein geschwungen, es bei den Ohren gefasst, ihm das Untermaul gebrochen und den Kopf mit dem Schwerte abgehauen. Die Jungfrau auf dem Helme ist das Bild seiner Geliebten, welches ihm der Herzog ins Wappen gegeben.

Platen von Hallermund.
S. Illustr. Zeit. 1869. Nr. 1367.

Als Kaiser Karl der Grosse in die Stadt Rom zog, hatte er die Stammväter der Familien von Alvensleben und Platen-Hallermund bei sich. Jeder derselben trug eine eroberte, mit Blut befleckte Fahne auf der Schulter, und so schritten sie stolz neben dem Kaiser her. Der Kaiser verlieh nun dem Platen drei rothe Rosen in Silber, dem Alvensleben aber das Umgekehrte. (S. oben S. 3.)

Polotinsky, von.
S. Okolski, Orbis Pol. T. II. p. 453.

Diese polnische Familie führt im Schilde einen von Pfeilen durchbohrten Arm mit einer Fackel in der Hand und auf dem Helme einen Doppelthurm mit ausgestreckter Fahne und einem Siegeskranze. Dieses Wappen erhielt Valentin Vasowicz, ein Sohn des Bürgers und Kesselschmiedes Jacob Vasowicz, vom König Stephan in Warschau im Jahre 1580 zum Wappen mit dem Namen Polotinsky als eine Belohnung und Erinnerung an eine That desselben, da er bei der Belagerung des festen und wohl vertheidigten Schlosses Poloc am Flusse Polota über denselben setzte, dabei aber Feuer in einem Kessel und eine Fackel trug und ungeachtet der Beschiessung aus dem Schlosse und der Verwundung, letzteres in Brand steckte und so die Gefangennehmung der Besatzung bewirkte.

Posadowsky, von.
S. Sinapius I. S. 721. II. S. 399.

Die Freiherren von Posadowsky leiten ihre Abkunft von dem alten polnischen Grafengeschlechte der Scarba ab, aus welchem ein heldenmüthiger Krieger, Namens Skubow, unter der Regierung des polnischen Fürsten Krocus einen grossen Drachen getödtet hatte, indem er ein mit Feuer und Schwefel gefülltes neues Kalbfell auf

denselben geworfen, wovon der Drache endlich in Flammen gerathen und geborsten ist. Für welche That besagter Skubow vom
Fürsten reichlich beschenkt ward und als ihr Urahnherr gilt.

Poser, von.

Poetisch behandelt von Hesekiel, Wappensagen. S. 217.

Die Herren von Poser führen als Wappenzeichen einen Mühlstein und darauf eine Krähe. Die Familientradition erzählt nun,
ihr Urahn habe sich selbst dieses Wappen gewählt, um zu zeigen,
welche Achtung er vor dem Landmann habe; deshalb habe er
seinem früheren Embleme, der Krähe, den Mühlstein hinzugefügt.

Post, von.

Ihre Stammsage ist poetisch behandelt in Vincke's Sagen und Bilder aus
Westphalen. Hamm, 1857. S. 499 fgg.

Am Ufer der Weser stand auf hohem Berge im zehnten
Jahrhundert eine starke Veste, der sogenannte Nettel- oder Nesselberg, die spätere Schauenburg, deren Besitzer, der Graf von Net-
telberg, die ganze Umgegend durch seine Raubzüge unsicher
machte. Er ward zwar vom Kaiser Otto II. in die Reichsacht
erklärt, allein er achtete des nicht, sondern fuhr in seinen Räu-
bereien fort. So zog denn der Kaiser selbst (980) gegen die
Burg, allein dieselbe war so fest, dass sie allen Stürmen widerstand. Aushungern konnte man sie auch nicht, denn erstlich hatte
sie ihr Herr auf lange Zeit verproviantirt, und dann stand sie
auch durch unterirdische Gänge mit der Umgegend in Verbindung,
durch welche es für die Belagerten leicht war, Lebensmittel in
die Burg zu schaffen. So beschloss denn der Kaiser einen letzten
Sturm, und als man eben angreifen wollte, ergriff ein fremder
unbekannter Ritter das Reichspanier und schritt Allen voran.
Seinem Ungestüm und der Tapferkeit der durch ihn begeisterten
Kaiserlichen gelang es auch, die Burg zu erobern, aber als der
Kaiser nach beendigtem Kampfe den Namen des tapfern Ritters

zu wissen verlangte, konnte Niemand über denselben Auskunft geben, auch sein Schild trug kein Wappen. Da malte der Kaiser mit dem Blute, von dem das Schild triefte, mit geschickter Hand das Bild eines Löwen auf denselben und hiess den Ritter dieses als Wappen führen. Schild und Wappen bewahrt die Familie von Post, welche von diesem Ritter abstammt, noch heute.

Prittwitz, von.

S. Sinapius I. S. 730; nach Okolski. T. III. p. 101.

Dieses uralte Geschlecht leitet seinen Ursprung von einem slavischen Krieger Namens Holub (d. h. Täuber, columbus) ab, der sich in Mauritanischen Diensten befunden und namentlich im Schachspiel ausgezeichnet hatte. Eine Mohrenprinzessin, so hierin auch sehr erfahren war, hörte ihn rühmen und forderte ihn zum Spiel heraus. Er fragt, was der Lohn sein solle? Sie antwortet ihm, der Gewinner solle dem Ueberwundenen mit dem Spielbret einen Schlag auf den Kopf geben. Er geht es ein, gewinnt, nimmt auf frischer That das Spielbret, schlägt's ihr an die Stirne, dass sie blutet und verbunden werden muss. Der König aber lobt sowohl die Klugheit als die Grossmuth des Kriegers, adelt ihn unter dem Namen Bretwitz, giebt ihm als Wappen zu führen auf dem Helme der Prinzessin Bildniss mit verbundenem Kopfe, ohne Hände, ins Schild aber das Bretspiel und versieht ihn mit einer höheren Stelle. Die Nachkommen dieses geadelten Kriegers haben sich in Schlesien ums Jahr 1103 zu Zeiten des Königs Boleslaus Chrobri niedergelassen und sind Schachownicer oder Wczeler, in Schlesien aber vor Alters Bretfizer, d. h. Bretwitzer, d. i. witzig aufs Bretspiel, genannt worden, und hieraus ist dann der Name Prittwitz geworden.*)

*) Eine ähnliche Sage ist oben S. 96 erzählt.

Pritzelwitz, von.

S. Sinapius. I. S. 735; nach Okolski P. II. p. 473.

Dieses Geschlecht ist slavischer Abkunft und stammt von der polnischen Familie von Pulkozic. Sie führen im blutrothen Schilde einen grauen Eselskopf und auf dem gekrönten Haupte eine halbe Ziege, mit den Vorderfüssen aufgerichtet unten abgekürzt. Die Ursache dieses Wappenbildes ist folgende. Als im Jahre 1022 die Heiden das feste Schloss Eczech in Slavonien lange Zeit belagert hatten und die Belagerten in der äussersten Hungersnoth die Veste übergeben wollten, erdachte ein tapferer polnischer Krieger, Namens Stawisz, diese List, dass er einen Esel und eine Ziege schlachten, mit deren Blute einige Ochsenhäute beschmieren und diese nachmals vor den Augen der Feinde wie zum Trocknen heraushängen liess, woraus die Belagerer schlossen, dass die im Schlosse keinen Mangel litten, also die Belagerung wieder aufhoben, worauf besagter Krieger geadelt und ihm die Ziege und der Eselskopf ins Wappen gegeben worden sind. Später nahm diese Familie aber statt der Ziege den Vogel als Helmschmuck an.

Promnitz, von.

S. Sinapius. Th. I. S. 95.

Das Geschlecht der Grafen von Promnitz, welches Sorau lange besessen hat, ist von so grauem Alterthum, dass man seinen Ursprung nicht mit Gewissheit angeben kann. Insgemein leitet man es aber ab von den Heneten oder Vandalen (Wenden) und vermuthet nur, dass der Urahnherr für die unerschrockene Tapferkeit, durch welche er mitten unter den feindlichen Pfeilen als ein hellstrahlender Stern hervorgeleuchtet, den Pfeil mit den Sternen ins Wappen bekommen habe.

Puchheim, von.

S. Hormayr, Taschenbuch. 1829. S. 20.

Diese österreichische Familie ist sehr alt. Ihr Ahnherr war
ein gewisser David Cuminius, der ums Jahr 700 die Provinz
Buchain in Schottland an sich brachte und dessen Nachkommen,
die Buchheime davon genannt, nach Oesterreich einwanderten.
Ihr Wappen enthielt eine rothe Binde im silbernen Felde, dem dann
Kaiser Sigismund als Helmzierde eine goldene Krone beifügte
(1421). Nach 1504 führten sie einen vierfach getheilten Schild,
zweimal die Binde und eben so oft drei Garben enthaltend.

Putbus, von.

S. Temme, Die Volkssagen von Pommern. S. 173.

Zu der Zeit als die Insel Rügen noch ihren eigenen Fürsten
hatte, lebte ein jüngerer Prinz des fürstlichen Hauses, der von
seinem Vater, dem regierenden Herrn, den südöstlichen Theil der
Insel, die Kirchspiele Vilmnitz und Lanken, zum Besitzthum erhielt.
Als derselbe in seine neue Besitzung einzog, bereiste er dieselbe
zuerst, um eine passende Stelle zu finden, an der er seine Burg
erbauen könnte. Lange suchte er eine solche vergeblich. Zuletzt
kam er an den mit Buschwerk bedeckten Berg, der die Wuster-
nitz heisst. Allda gefiel es ihm so gut, dass er plötzlich ausrief:
„Po de Buss", d. h. hinter dem Busch, anzeigend, dass an dieser
Stelle die neue Burg gebaut werden solle. So ward denn an demselben Orte die neue Fürstenwohnung erbaut, die von jenem Aus-
rufe den Namen erhielt und auch bald ihrem Besitzer und seinen
Nachkommen den Namen Putbus gab, den Schloss und Familie
noch jetzt führen.

124

Putlitz, Gans von.

S. Temme, Die Volkssagen der Altmark. S. 65. Gauhen. I. S. 1283.

Der Name dieses.Geschlechtes ist auf folgende Weise entstanden. Im 12. Jahrhundert lebte ein junger Graf von Mansfeld. Dieser war mit in der mörderischen Schlacht am Welfsholze im J. 1115 gewesen, und weil er fast der Einzige war, der von einer grossen Menge tapferer Ritter in dieser Schlacht sein Leben behielt und in die Gefangenschaft Kaiser Lothars gerieth, so veranlasste ihn dies, in seinem Unmuthe zu sagen: hier stehe ich wie eine verflogene Gans! Davon behielt er den Namen, den er späterhin, als ihm der Kaiser die Burg Podlyst oder Potlist in der Prierau schenkte, mit dem Namen dieser Burg vereinigt führte. Eine fliegende Gans ist das Wappen dieses Geschlechtes.

Raczynski, von.

Poetisch behandelt von Hesekiel, Wappensagen. S. 225.

Der Urahn dieser Familie war Hofjunker bei dem König Boleslaw von Polen. Einst sass dieser noch spät in der Nacht mit seiner Gemahlin beisammen, da hörte er plötzlich einen lauten Schrei und Schwertergeklirr im Vorzimmer. Erschreckt sprang er auf und griff zum Schwerte, als er aber die Thüre öffnete, um zu sehen was vorgehe, da erblickte er seinen Hofjunker, das Gesicht mit Blut bedeckt, und am Boden lagen halbtodt in den letzten Zuckungen drei geharnischte Männer. Es hatten sich, von den Feinden des Königs gesendet, drei Mörder ins Schloss zu schleichen und dort so lange zu verbergen gewusst, bis Alles schlafen gegangen war. Als sie nun durch das Vorzimmer in das Gemach des Königs zu dringen suchten, da warf sich ihnen der dort Wache haltende Junker entgegen und es gelang ihm, dieselben so lange aufzuhalten, bis auf seinen Hilferuf die Wachen herbeieilten und die Mörder niederschlugen. Als aber die Königin sah, wie ihr

Retter durch Blutverlust fast dem Tode nahe war, da löste sie sich selbst das Tuch vom Halse und verband ihm das blutende Haupt. Zur Erinnerung daran nahm er das weisse Tuch in einen Kreis gelegt, ganz wie es ihm die Königin umgebunden hatte, in sein rothes Wappenfeld und als Helmkleinod ein schönes Frauenbild mit über ihr Nachtgewand herabfallenden Locken an.

Radkow, von.

S. Hormayr, Taschenbuch. 1821. S. 182 fg. Illustr. Zeit. 1867. Nr. 1228.

Zur Zeit Ludwigs des Deutschen herrschte über Mähren Wratislaw oder Rastitz als Herzog. Bei einem von ihm angestellten Turniere erschien auch ein riesenhafter bulgarischer Ritter, der alle Gegner überwand und deshalb übermüthig des mährischen Adels spottete. Da trat für diese ein Jüngling, Namens Saul, als Vorkämpfer ein und hieb mit einem einzigen Streiche 'demselben die halbe Oberlippe sammt dem Knebelbarte ab, dass er halbtodt weggetragen ward. Saul aber nahm seinen Pfeil, steckte die abgerissene Lippe darauf und übergab ihn so seinem Fürsten als Siegespfand. Derselbe befahl ihm dafür den Namen Odrzifaus (Bartausreisser) anzunehmen und im rothen Schilde das Zeichen eines von einem Pfeile durchbohrten Knebelbartes zu führen. Von ihm stammen nun die mährischen Geschlechter der Krowarze, die Daubrawitze, deren Burg ein Enkel Sauls erbaut hat, und die Sedlnicky von Cholditz ab. Dieser Odrzifaus erreichte ein sehr hohes Alter, allein dasselbe ward getrübt durch den von König Arnulph herbeigeführten Einfall der Magyaren in Mähren, bei welchem auch Odrzifaus' Hauptburg, Prerau, in Flammen aufging. Bei der Erstürmung derselben gelang es einem Magyaren, die Tochter Odrzifaus zu entführen, allein durch ihr Jammergeschrei ward ein junger Pole, Nameus Peter von Radkow, der im mährischen Heere diente, herbeigelockt. Demselben glückte es den Ungarn zu tödten und das Mädchen zu retten. Er brachte sie in den Wald in Sicherheit, sie aber zerbrach ihren Fingerring und reichte ihm die eine Hälfte als Wahrzeichen, woran sie ihren Retter wieder erkennen wollte. Hierauf entfernte er sich, das Mädchen

ward aber von einem mährischen Ritter Bozeta gefunden, der sie
zu ihrem Vater zurückbrachte. Derselbe wollte diesem dafür die
Hand der Tochter geben, schon war Alles zur Vermählung derselben bereit, da erschien Peter von Radkow und machte mit dem
Ringe seine älteren Rechte geltend und erhielt auch auf Bitten
der Jungfrau ihre Hand. Er nahm nun in seinen Wappenschild
unter dem halben, die Lippe durchstechenden Pfeile des Odrzifaus'-
schen Zeichens, einen halben Ring und zur Helmzierde zwei diesen
Ring festhaltende Hände auf und ward der Ahnherr der Sierakowsky,
Dialinsky, Kudzonsky, Kosteletzky, Ogaunsky und Pomalinsky
(S. S. 85).

Radolin Radolinski.
S. Illustr. Zeitung. 1869. Nr. 1372.

Das Geschlecht der Leszczyc zu Radolin gehört zu den zwölf
ältesten Stämmen Polens, aus welchen die zwölf Palatine erwählt
wurden, die nach dem Ableben des Regenten Visimir aus dem
Geschlechte des Lech von 700 bis 710 das Land regierten. Im
rothen Schilde führen sie ein auf vier silbernen Pfählen oder
Pfeilen ruhendes und spitz zulaufendes goldenes Strohdach. Dies
rührt davon her, dass als Lech sich von seinen Brüdern Mech
und Czech getrennt und einen Theil des Polenreiches erobert hatte,
an der Stelle, wo er den Horst eines Adlers erblickt hatte, eine
Stadt aus Holz aufzubauen begann, um seiner Schaar für den
kommenden Winter ein Obdach zu sichern. Da er aber vor seinen
Unterthanen nichts voraus haben wollte, begnügte er sich mit
einem einfachen Strohdache für sich und seine Habe, welches
gleich den anderen auf vier Pfählen ruhte. Zum Andenken an
diesen bescheidenen Sinn Lech's behielten seine Nachkommen das
auf vier Pfeilern ruhende Strohdach als Sinnbild ihres Geschlechtes
bei, woraus sich im 11. Jahrhundert das Wappen der Grafen von
Radolin gestaltete.

Räder oder Reder, von.
S. Gauhen. Th. I. S. 1300.

Diese schlesische Adelsfamilie stammt von den Grafen von
Kolowrat aus Böhmen her, deren Ahnherr, ein tapferer Soldat,

einst seines Königs Wagen ergriff und der flüchtigen, ihn fort-
reissenden Pferde Stärke ungeachtet, aufhielt, worauf er den Namen
Kolowrat (was Böhmisch einen, der ein Rad zurückhält, bedeutet)
und ins Wappen ein Wagenrad von acht Speichen im blauen
Felde bekommen haben soll. Dieses Wappen hat später die
Hauptlinie der Kolowrat geändert, die schlesische Nebenlinie, die
sich Räder nannte, aber hat es beibehalten (S. S. 81).

Rappoltstein, von.
Erste Sage.
S. Lucä, Deutscher Grafensaal. S. 410.

Unter Kaiser Conrad II. wurden in
den Kämpfen der Guelfen und Ghibellinen
zwei Brüder aus dem Geschlechte der
Herzöge von Spoleto aus Italien vertrieben.
Der eine liess sich im Schwarzwald nieder
und erwarb dort das Schloss Urslingen,
das die Herzöge von Urslingen, Nachkommen der Orsinis, die auch aus Italien
vertrieben worden waren, erbaut hatten, aber ausgestorben waren,
der andere aber beschloss im Elsass zu bleiben und erwarb dort eine
Herrschaft im Gebirge, welche ein Lehen der Bischöfe von Basel
war und jetzt Rappoltstein heisst, darum weil er dort ein Schloss
baute, welches er nach seinem Geschlecht Rock-Spoletin genannt
hatte, woraus Rappoltstein geworden ist. Nach einer anderen Sage
hätte dieser Graf Rochus geheissen und nach seinem Namen das
Schloss Rochspoletin genannt.

Rappoltstein, von.
Zweite Sage.
S. Stöber, Sagen des Elsass. S. 111; nach Herzog's Elsasser Chronik. B. V. S. 130.

Unter den elsässischen Rittern, welche mit Kaiser Conrad III.
nach Palästina zogen (1147), befand sich auch der Graf Kuno von
Rappoltstein. Als nun das christliche Heer Damascus in Syrien
belagerte, trat plötzlich aus dem feindlichen Heere ein riesenhafter
Sarazene hervor, welcher den Beherztesten unter den christlichen

Streitern mit frechem Hohngelächter zum Kampfe herausforderte. Sofort bot sich ihm Kuno von Rappoltstein zum Gegner an, und nachdem er einige Male die wuchtigen Streiche des Sarazenen glücklich parirt hatte, glückte es ihm, denselben selbst mit einem Hiebe von oben bis unten zu spalten. Der Kaiser, in dessen Gegenwart der Kampf stattgefunden hatte, verlieh zum Andenken an diese tapfere That dem Rappoltsteiner als Wappen drei rothe Schildlein im weissen Felde, auf dem Helme aber ein Männlein ohne Arme in weisser Kleidung mit gelbem türkischem Spitzhute, und eine rothe und weisse Helmdecke.

Ravensberg, von.

S. Lucä, Deutscher Grafensaal. S. 429.

Die in Schwaben angesessene Familie der Grafen von Ravensberg hat ihren Namen von dem Schlosse Ravensberg, das eigentlich Rabensberg heissen müsste, nicht darum, weil der Berg, worauf das Schloss steht, früher ein Wohnsitz der Raben gewesen wäre und davon der erste Anlass zu diesem Namen herzuleiten sei, sondern deshalb, weil, als man mit dem Bau den Anfang machte, sich ein Rabe während des Gerassels der Arbeiter und ihrer Werkzeuge herniederliess, welches Viele für ein böses Anzeichen hielten und deshalb den Rath gaben, von weiterem Bauen abzusehen. Weil man dies aber nicht that und das böse Anzeichen nicht in Erfüllung ging, hat man auch dem Schlosse den Namen nach jenem Vogel gegeben.

Rechenberg, von.

S. Sinapius. I. S. 111.

Als der Herzog Heinrich der Fromme von Schlesien im Jahre 1241 in der unglücklichen Schlacht bei Liegnitz bemerkte, wie die Christen aus ihrer vortheilhaften Stellung auf einer Anhöhe verdrängt wurden, soll er zu Hansen von Haugwitz gesagt haben: „Hans, räche den Berg", er solle den Verlust rächen und die Feinde von da wieder

herabzutreiben suchen. Dies habe derselbe auch mit solcher Tapferkeit gethan, dass er den Namen Haugwitz durch Veranlassung
der ihm zugerufenen Worte des Herzogs in den Namen Rechenberg veränderte, daher die von Haugwitz in Schlesien und die
von Rechenberg einerlei Wappen führen. Es haben nämlich die
Herren von Haugwitz in Sachsen im rothen Schilde einen schwarzen vorwärts sehenden Widderkopf mit gelben Hörnern und gelber
Krone, die von Haugwitz in Schlesien und die von Rechenberg
aber einen nach der Seite liegenden Widderkopf ohne Krone, die
von Haugwitz in Sachsen auf dem Helme den gekrönten Widderkopf mit Hals und Brust, aber ohne Beine, und auf dem Kopfe
einen roth und weiss abgetheilten Federbusch, die von Haugwitz
in Schlesien und die von Rechenberg aber den Widderkopf mit
Hals, Brust und zwei zum Sprunge aufgerichteten Vorderbeinen
ohne Krone und Federn.

Recke-Vollmerstein, von.

Poetisch behandelt von Hesekiel, Wappensagen. S. 253.

Das Wappen dieser Familie hat zwei Schilde, ein blaues, den
Recke's angehöriges, und ein silberweisses, das der Vollmerstein.
Diese Vereinigung hat folgende Ursache gehabt. Der Graf Dietrich von Vollmerstein, einer der mächtigsten Vasallen des Kaisers, hatte sich gegen diesen empört und war von ihm in die
Acht erklärt, dem Grafen Gotthard von der Recke aber, der
die Tochter desselben, Agnes (auch Ludmilla oder Niesa genannt)
heimlich liebte, wurde aufgetragen, dieselbe zu vollziehen. Er
durfte sich des nicht weigern; er zog also gegen ihren Vater, besiegte ihn in der Schlacht und berannte dann die Burg Vollmerstein,
wohin jener sich geflüchtet hatte. Nach tapferer Gegenwehr ward
derselbe genöthigt, sich zu ergeben, und es wurde ihm und allen
Bewohnern der Burg freier Abzug mit Allem, was sie tragen
könnten, gestattet, jedoch festgesetzt, dass das, was sie auf dem
Wege vom Thore bis zum Lager als zu schwer verlieren würden,
sie nicht aufheben, sondern den Belagerern als Eigenthum

lassen sollten. Als nun der Graf, nur sein Wappenschild im Arme und seine Tochter an der Hand, durch die Reihen der kaiserlichen Reisigen schritt, fiel letztere, ihren Geliebten erblickend, vor Schreck zur Erde. Gotthard von der Recke aber hob sie auf, erklärte sie für seine Beute, und ihr Vater gab gern seine Einwilligung. Als Erbtochter der Vollmerstein nach ihres Bruders Johann Tode brachte sie ihrem Gemahl die Besitzungen desselben und ihr Wappen zu, woraus dann das jetzige Wappenschild der Recke-Vollmerstein geworden ist.

Reder, von.
S. Sinapius. I. S. 121.

Die Familie der schlesischen Grafen von Reder hat mit den böhmischen Grafen von Kolowrat einen Ursprung, denn der Urahn dieses Geschlechtes, ein sehr starker Slavenkrieger, hat einst den im Fall begriffenen Wagen seines Königs mit den Händen ergriffen und ohngeachtet der Stärke der flüchtigen Pferde festgehalten. Denn Kolowrat heisst in polnischer Sprache soviel als einer, der das Rad zurückzieht, weshalb die Grafen von Kolowrat und von Reder ein Wagenrad von acht Speichen im blauen Felde führen.

Reibnitz, von.
Poetisch behandelt von Hesekiel, Wappensagen. S. 239.

Die Reibnitze führen in ihrem silbernen Wappenschilde zwei Balken, zwischen denen das Wort „Liebe" steht. Das hat die schöne Anna von Reibnitz hineinsetzen lassen, nachdem der Kaiser ihr den Titel einer Fürstin von Bernstadt gegeben hatte und sie nun den Herzog Heinrich von Münsterberg aus dem Geschlechte der Piasten hatte heirathen können. Vorher nämlich hatte sie sich trotz ihrer Liebe zu ihm entschieden geweigert, seine Gemahlin zu werden, weil sie sagte, etwas Unfürstliches dürfe nicht im Piasten-Geschlechte sein.

Reichenbach, von.
S. Sinapius. I. S. 206. Illustr. Zeit. 1869. Nr. 1374.

Die Freiherren von Reichenbach haben erst Funkenstein geheissen, als aber einer dieses Namens im Jahre 930 (Andere
setzen 925) nach der Schlacht mit den Hunnen in einem Bache,
darinnen er sich vom Blute abwaschen wollte, einen grossen
Schatz, welchen der flüchtige Feind dort hinein geworfen, erblickt
und Kaiser Heinrich dem Vogler gezeigt hatte, habe er zum Gedächtniss den Namen Reichenbach zu führen überkommen.

Reinbaben, von.
S. Sinapius. I. S. 758.

Diese alte Familie wird auch Reinbaber genannt, manchmal
auch, obwohl unrichtig, Regenbogen ausgesprochen. Ihr Urahnherr soll Babo geheissen haben, welcher einst über den Rhein
geschwommen sei und eine Prinzessin gerettet habe, woher der
Namen entsprungen sei.

Reuss.
S. Peccenstein. Th. I. S. 262. 265. fg. Grässe, Sächs. Sagenschatz. Bd. II.
Nr. 248. 249. S. 222 fg.

Als im Jahre 1208 Kaiser Friedrich II. mit König Andreas
von Ungarn, Erzherzog Leopold von Oesterreich und anderen
Fürsten und Herren einen Kreuzzug gegen die Sarazenen unter-
nahm, ist auch Landgraf Ludwig IV. von Thüringen, der Gemahl
der h. Elisabeth, mitgezogen und hat einen Herrn von Gera oder
Plauen, dessen Namen aber sonst nicht weiter näher angegeben
wird, bei sich gehabt. Zwar ist der Landgraf zu Brundusium
Todes verblichen, allein gleichwohl sind jene Ritter unter ihrem
Feldobersten weiter mit fortgezogen. Nun sind aber in einem
Scharmützel vor Ptolomais der Herr von Gera und der Graf von
Gleichen von den Sarazenen gefangen und in ferne Gegenden ver-
schickt worden, bis nach zwölf Jahren ersterer durch einen reus-
sischen (d. h. russischen) Kaufmann losgekauft und als leibeigener

Sclave nach Russland geführt, der Graf von Gleichen aber durch
eines sarazenischen Herrn Tochter auf gleiche Weise befreit worden,
also dass Beide wieder wunderbarer Weise in ihre Heimath ge-
langten. Nachdem nun der Herr von Gera lange als Sclave in
Russland gehalten worden war und viel Ungemach hatte ausstehen
müssen, ist auf einmal von dem Grossfürsten ein Aufgebot wegen
des Tartareneinfalls (1232) ergangen und hat jener mit ins Feld
ziehen müssen. Es sind jedoch die Russen überwältigt worden
und haben ihn die Tartaren, da er ihre Aufmerksamkeit durch
seinen ritterlichen Widerstand auf sich gezogen hatte, nicht getödtet, sondern zu einem ihrer obersten Anführer, Hokkota genannt,
gebracht. Derselbe hat ihn gut gehalten, allein er hat ihn doch
genöthigt, mit nach Schlesien zu ziehen. Als die Tartaren jedoch
nach der blutigen Schlacht bei Liegnitz wieder umkehrten, so hat
er, weil er sich bei der Nachhut befand, seinen Vortheil abge-
sehen und sich davon gemacht, ist auch zu bekannten Freunden
gekommen, und hat sich in seinen russischen Kleidern an den
Hof Kaiser Friedrichs II. begeben. Hier ist er eine Zeit lang
geblieben und hat sich durch seine Geschicklichkeit in allen ritterlichen Spielen, im Ringen und Springen, was damals in Deutschland noch nicht so allgemein gewesen, vortheilhaft ausgezeichnet.
Darum hat der Kaiser grossen Gefallen an ihm gefunden, ihn
auch, weil er in fremden Sprachen wohl erfahren war, häufig zur
Tafel gezogen und sich von ihm seine Reisen und Schicksale erzählen lassen. Weil er aber vor allen Hofleuten sich durch seine
Länge auszeichnete, hat er ihn immer den langen Reussen genannt,
und dieser Zuname ist ihm selbst so gewöhnlich geworden, dass
er sich selbst in Briefen und Titeln Heinrich von Gera der Reusse
geschrieben und diesen Namen für alle Zeiten angenommen hat.

Der Grund, warum die Familie der Reusse nur den einen
Taufnamen Heinrich führt und zum Unterschied der einzelnen
Personen unter sich blos die Zunamen: der ältere, mittlere und
jüngere nach ihres Leibes Länge und Gestalt oder ihrer Zahl bei-
fügt, ist folgender. Es hat einst ein Herr von Plauen, um ritterlichen Ruhm zu erwerben, sich über das Meer in ferne Lande begeben und ist in Syrien in einer Schlacht gegen die Sarazenen

erschlagen worden. Da ist denn nach etlichen Jahren, da er fast
vergessen war, man aber auch von seinem Tode noch keine gewisse Nachricht erhalten hatte, einer, so ihm an Gestalt, Rede und
Geberden sehr ähnlich gewesen, erschienen, hat sich für ihn aus-
gegeben, auch durch allerhand Nachrichten und Wissenschaft den
Verwandten und Freunden sich so dargethan, dass Jedermann
glaubte, er sei ihr alter todtgeglaubter Herr. Es ist ihm auch
sein Antheil an seine Herrschaft ausgehändigt worden, worauf er
sich verheirathet und verschiedene Kinder gezeugt hat. Endlich
ist aber durch Gottes Schickung der Betrug an demselben Orte,
wo der rechte Herr getödtet und begraben worden war, ausge-
kundschaftet und der Betrüger zur gebührenden Strafe gezogen
worden, und nun haben die Herren Geblütsverwandten unter sich
ausgemacht, künftig nur einen einzigen Taufnamen zu gebrauchen,
und ist dieser Gebrauch auch bis dato geblieben.

Riedesel, von.

S. Wolf, Hessische Sagen. S. 155.

Ein Kaiser verirrte sich einst auf der
Jagd in einem Walde und kam in grosse
Angst und Gefahr seines Lebens, als ihm
ein Ritter begegnete und dieser den Erkann-
ten auf den rechten Weg und zu seinem
Gefolge brachte. Zum Dank dafür schenkte
ihm der Kaiser soviel Land, als der Ritter
in drei Tagen auf einem Esel umreiten
könne. Der Ritter sass sofort auf, und es war keine geringe
Strecke Landes, die er also zum Eigenthum erwarb. Von dem
Ritt auf dem Esel nannte ihn aber der Kaiser Riedesel und gab
ihm dieses Thieres Kopf zum Andenken in sein Wappenschild.

Römer, von.

S. Grässe, Sächs. Sagenschatz. Bd. II. S. 11. Nr. 612.

Um die Mitte des fünfzehnten Jahrhunderts ist zu Zwickau in der Mühle ein armer Eseltreiber gewesen, der hat Römer geheissen. Dem hat einer ein Kuxwerk geschenkt, das keinen Ertrag mehr liefern wollte. Der Eseltreiber hat aber doch mit seinem Wenigen das Bergwerk wieder in Gang gebracht und siehe, in Bälde hat er einen reichen Erzgang entdeckt, also dass in seinem Hause zu Zwickau die Silberkuchen wie Stücken von Blei neben einander lagen und die Strasse, auf der sie auf Schleifen nach Zwickau gebracht wurden, davon den Namen Silberstrasse erhielt. Derselbe hat einmal drei Lastwagen voll solcher Silberkuchen nach Nürnberg gefahren und dafür drei andere voll gemünzten Silbers von da zurückgebracht. Bald darauf ist er mit seinem Herrn, Herzog Albrecht dem Beherzten, selbst zum heiligen Grabe gezogen und hat diesen samt 150 Pferden bis nach Jerusalem und von da wieder zurück freigehalten, wofür ihn dieser für sich und seine Nachkommen edel gemacht und zum Ritter geschlagen, ihm auch als Wappenzeichen eine Eselspeitsche (nach Andern einen Pilgerstab) gegeben hat.

Rogoysky von Rogoschnick.

S. Sinapius. I. S. 767.

Der Urahnherr dieser Familie soll unter einem alten heidnischen Fürsten, um seine Geschwindigkeit zu zeigen, in der Hand den Rock und Gürtel haltend, einen Hirsch gejagt, auf diesen den Gurt geworfen, sich darauf geschwungen, selbigen nachmals dem Fürsten gebracht und daher im Wappenschild einen schwarzen Hirsch mit goldenem Geweihe und weissem Gurt um den Leib, und auf dem gekrönten Helm zwei Hirschgeweihe zu führen erhalten haben. Desselben Wappens bedienten sich in Schlesien auch die Wranicker, Oresker und Urbenowsker.

Rohr, von.

S. Sinapius. I. S. 763. Die Sage von seinen 32 Söhnen ist besungen von Gaudy, Schildsagen. S. 55 fg.

Dieses Adelsgeschlecht wird von einem Sohne Babo's, Grafen zu Abensberg und Rhor, welcher von zwei Gemahlinnen 32 Söhne, die er einst Kaiser Heinrich II. selbst vorgeführt, und 8 Fräuleins gehabt, und im Jahre 1030 gestorben ist, hergeleitet. Dessen Nachkommen konnten bei so grosser Vermehrung ihrer gräflichen Familie ihren gräflichen Stand nicht gebührlich führen, daher sie in anderen Ländern, als Böhmen, Oesterreich, Schlesien, Sachsen, Mark Brandenburg und Polen, theils durch Krieg, theils durch Heirathen Güter gesucht und erlangt und sich als Ritter von Rohr nur mit dem Adelstande begnügt haben. Der Urahnherr der schlesischen Familie von Rohr soll ein kaiserlicher Hauptmann von Rohr und heldenmüthiger Soldat ums Jahr 1100 gewesen sein, welchem die von den Türken lange Zeit besessene Festung Wudzin (oder Buschin) in Croatien zu erobern anbefohlen ward, so er auch glücklich verrichtet, sich erstlich auf die Mauer gewagt, die ersten Ziegel selbst ausgerissen und die Festung dem Feinde abgenommen hat. Zu dessen ewigem Andenken wurden ihm in den blutrothen Schild die ausgebrochenen Ziegel in der Stellung, wie sie herabgefallen waren, vergoldet einverleibt, auf dem Helme aber eine Krone und ein Kreuz (oder wie es in Polen ihre Nachkommen führen, ein Reichsapfel mit dem Kreuze) gesetzt, zum Zeugniss, dass er die Festung den Feinden des Kreuzes Christi entrissen und sie dem Reiche Ungarn, so auch ein Kreuz im Schilde führt, wiederum ausgeliefert. Dieses Kreuz wird von zwei Meerdelphinen gehalten und stellt die Hurtigkeit und List, so er bei dieser Heldenthat sehen lassen, vor.

Rosenberg, von.

S. Sinapius. II. S. 193.

Dieses kärnthnerische Adelsgeschlecht stammt von der fürstlichen Familie der Orsini in Italien, die ihren Namen von Mundilla, dem Sohne eines gothischen Hauptmanns Alduin, der von einer Bärin gesäugt worden war, erhalten haben soll. Alduin ist aber im Treffen umgekommen und auf seiner Fahne begraben worden, welche mit rothen und weissen Balken bemalt war, aber von den Soldaten mit weissen, in das rothe Blut der Feinde getränkten Rosen beworfen ward. Andere sagen jedoch, dieselben seien von Aribert II., einem Sohne des Aribertus Ursinus, aus der bäringisch sächsischen Familie abzuleiten, von deren Vorfahren einer aus Hass gegen die Franken zu den Römern gezogen sei und unter Theodosius dem Jüngern Kriegsdienste genommen habe, daher denn in Rom der Name Bäringer in den Ursinischen sich verwandelt habe, hingegen sei Radbod, der Bruder des genannten Aribert, seinem Vater in den Herrschaften Ballenstädt und Ascanien in Deutschland gefolgt.

Rottenberg, von.

S. Sinapius. I. S. 770.

Von dem Ursprunge des Namens und Wappens dieser Familie, die in Franken und Mähren angesessen war, wird Folgendes berichtet.

Nachdem in den alten heidnischen Zeiten ein gewisser deutscher Fürst seine Feinde unweit Nürnberg geschlagen und weiter verfolgt hatte, ist er in ein Gebirge gerathen, auf welchem ein hoher Fels sich befand, von welchem die dasigen Anwohner berichteten, dass sich hier oftmals drei schöne Jungfrauen in kostbarem Schmucke sehen liessen. Weil nun dieser Fürst von der Beschaffenheit besagten Felsens gern mehrere Nachricht gehabt hätte, ist ein muthiger Soldat hinaufgestiegen, der an dem Orte, wo sich

die Jungfrauen sonst zu zeigen pflegten, nichts weiter als drei
sauber bedeckte Stühle und auf jedem Stuhle eine Rose fand. Da
er nun die Rosen weggenommen und dem Fürsten überbracht, hat
er zum Andenken solcher That im Schilde zwei rothe Rosen im
weissen Felde und darunter eine weisse Rose auf rothem Felsen,
auf dem Helm aber zwölf Straussfedern, sechs weisse und sechs
rothe, als Wappen erlangt, überdies ist ihm auch von dem Fürsten
ein Stück Land mit dem Felsen, darauf er nachmals das Schloss
Rottenberg erbaut hat, und von welchem Stammhause er sich geschrieben, geschenkt worden.

Rüde von Collenberg.
S. Bechstein, Deutsches Sagenbuch. Nr. 800. S. 659.

Am rechten Ufer des Mainstroms, eine
Strecke unter Wertheim, liegen die Trümmer
des Schlosses Collenberg. Dort hauste einst
ein böser, hartherziger, geiziger Ritter, der aber
eine desto sanftere, liebevollere, mitleidigere
Hausfrau besass, allein diese fand vor seinen
Augen keine Gnade, weil sie ihm keinen Erben
schenkte. Da trat eines Tages ein Bettelweib den Ritter an, die
hatte sechs muntere, rothbäckige Söhnlein bei sich und bat um
eine Gabe. Der Ritter aber fuhr sie grimmig an, wie sie so
frech sein könne, zu betteln, sie könne keine Noth leiden, sonst
würden ihre Kinder nicht so frisch und gesund aussehen, sie solle
sich zum Teufel scheeren. Darauf sah ihn das Weib bitterböse an
und sagte, sie wünsche ihm noch einmal soviel Kinder, auf dass
sie ihn arm ässen und er selbst um Bettelbrod ansprechen müsse.
Da wollte er sie mit Hunden von seinem Hofe weghetzen lassen,
allein sie war mit ihren Kindern verschwunden. Nach neun Mo-
naten aber gebar seine Frau zwölf Söhne, der Ritter aber, aus
Furcht, das Dutzend möge ihn arm essen, gab Befehl, die Knäblein, wie man dies sonst mit jungen Hunden, die man nicht auf-
ziehen will, thut, bis auf einen zu ersäufen, allein Gott lenkte das
Herz des Dieners, der sie forttragen sollte; sie wurden im Dorfe

von einem Bauern gross gezogen. Als sie aber erwachsen waren, da kamen sie und wurden die Rüden geheissen und zehrten wirklich ihren Vater arm. Nach seinem Tode nannten sie sich die Rüden von Collenberg und nahmen den Kopf eines Hundes (Rüden) in ihr Wappen.

Sack, von.
S. Sinapius. I. S. 789.

Die schlesische und sächsische Adelsfamilie derer von Sack führt auf dem Helme das Brustbild eines Mohren (so die sächsische, die schlesische aber das einer bis über die Brust nackten Mohrin), der um den Kopf einen gewundenen Bund mit abfliegenden rothen und weissen Bändern trägt, im rothen Schilde aber vier weisse Säcke. Man berichtet nun hierüber, diese Familie stamme von einem tapferen deutschen Kriegsmanne her, welcher vor alten Zeiten unter einem Könige von Spanien im Kriege wider die Mohren bei eingetretenem Proviantmangel ein gut Theil Lebensmittel in Säcken glücklich erbeutet, die Säcke und des Mohren Bild ins Wappen und nachmals auch den Geschlechtsnamen de Saca oder von Sack daher überkommen habe.

Salhausen, von.
S. Gauhen. Th. I. S. 1467.

Diese meissnische Familie stammt aus Italien und ihre Glieder hiessen erst Majaces de Roma, erhielten aber ihren Namen Salhausen von der Stadt Saluzzo, die der Kaiser Justinian II. einem dieses Geschlechtes zur Belohnung dafür schenkte, dass er ihn, als er einst auf der Flucht in einem Flusse in Lebensgefahr gerathen war, rettete und auf sein Pferd hob.

Sahrer von Sahr.

S. Gauhen. Th. I. S. 1464.

Diese meissnische Familie stammt aus Böhmen ab, und zwar von einem gewissen Zdiech, dem Begleiter Czechs, der zwei Söhne hatte, Botack und Saher, welche zur Zeit des Herzogs Krock das erste Eisen in Böhmen fanden.

Salisch, von.

S. Sinapius I. S. 794.

Dieses schweizerische und schlesische Geschlecht hat seinen Ursprung von einem tapfern polnischen Krieger Namens Dzialosza, welchem vom König Boleslaus Chrobri ums J. 1140 ein Geweih und Flügel deswegen ins Wappen gegeben worden ist, weil er einst einem laufenden Hirsch ein Horn abgebrochen und zu einer andern Zeit eines in der Luft fliegenden Adlers Flügel meisterlich gelähmt und ihn gefällt hatte. Er bekam auch von gedachtem König die Herrschaft Rogow ge-. schenkt, woher denn einige seiner Nachkommen sich Rogowskev nennen. Den harten polnischen Namen Dzialoscier haben die Herren von Salisch verändert und sich Salischer oder Saluscher genannt.

Saurau, von.

S. Hormayr, Taschenb. 1827. S. 57 fg.

Dieses steiermärkische Adelsgeschlecht hat seinen Ursprung von einem Gefährten des Hunnenkönig Attila. Nachdem dieser die Stadt Aquileja (452) erobert und dem Boden gleich gemacht hatte, schickte er mehrere seiner vornehmsten Hofleute nach Ungarn zurück, um die gemachte Beute dorthin zu schaffen und um Nachricht über die Verwaltung seines Geburtslandes zurück-

zubringen. Auf dem Rückwege von da nach Italien blieb aber
einer derselben, Sawrays mit Namen, in Steiermark zurück, weil
ihm die Jagd in diesem Lande vorzüglich gefiel, und baute sich
dort ein jetzt fast verfallenes Schloss, Sawraw geheissen, auf der
Murauer Herrschaft. In Chroniken kommt indess als, der älteste
Träger dieses Namens erst Alban von Saurau unter Kaiser Heinrich dem Heiligen vor. Als Wappen führte diese Familie ein
rothes Schild mit einer einfachen silbernen Spitze; als aber mit
den Brüdern Otto und Lippa das Haus Writenbühel ausgestorben
war, da nahmen sie den Schild dieses erloschenen Hauses, das
gekrönte schwarze fliegende Vöglein ohne Füsse, welches die
Steierer eine Schicken, Andere eine Fledermaus nennen, an.

Sayn, von.

S. Lucä, Deutscher Grafensaal. S. 475.

Friedrich I., des Grafen Walrab zu
Nassau Sohn, der in seiner Jugend tapfer
gegen die Mauren in Spanien focht, ist
der Erbauer des Schlosses Sayn und
Stifter des darnach genannten Grafen-
geschlechts. Er nannte nämlich das
Schloss Syne, darum dass er sein Leben
hinfür in Frieden und ruhig führen
wollte, und deshalb nannte man ihn Graf zu Syne, woraus denn
mit der Zeit Sayn geworden ist.

Schaffgotsch, von.

S. Sinapius. I. S. 130. Grässe, Sagenbuch des
Preuss. Staates. Bd. II. S. 236 fg. Die Sage
von den Streifen auf ihrem Wappen ist besungen von Zedlitz in Hormayrs Taschenbuch.
1820. S. 314 fg. S. ebd. 1826. S. 98 fg.
Illustr. Zeit. 1869. Nr. 1381.

Das Wappen der erst freiherrlichen,
dann gräflichen Familie Schaffgotsch
zeigt einen weissen Schild, darin vier

von oben bis unten gerade heruntergehende Striche von rother Farbe, welche ein Herr Schaff im Jahre 1377 vor Erfurt wegen seiner Heldenthaten von dem Kaiser Karl IV. erhalten haben soll. Nach errungenem Siege nämlich bot ihm der Kaiser die Hand, weil aber von Schaffgotschens Händen Blut aus den erhaltenen Wunden herabträufelte, so wischte er seine Rechte am Panzer rein, indess nachdem er über das blanke Metall mit den Händen hinweggefahren war, sah man auf der Spiegelfläche desselben die Spuren. Der Kaiser aber rief: „Zur Erinnerung für alle Zeiten daran, dass Du für mich Dein Blut vergossen hast, füge ich Deinem Wappen, dem Schafe, heute die vier blutigen Streifen hinzu, welche Deine Finger gemacht haben." Der gekrönte Helm stellt ein weisses gehendes Schaf mit einem gelben Glöcklein dar, hinter welchem sich ein grüner Baum in die Höhe ausbreitet. Von diesem Schafe ist aber diese Familie schon im Jahre 1243 in einer Urkunde die familia ovium genannt worden. Der Kieferbaum auf dem Helme (oder Kienast) soll aber von Gotthard oder Gotsche Schaf herrühren, welcher die Veste Kynast von dem letzten Herzog Boleslaus dem Kriegerischen († 1301) geschenkt erhalten hatte, und auf diese Veste soll der Kieferbaum hindeuten. Der Zuname Gotsche heisst soviel als Gotthard und ist ihm zu Ehren, als einem glücklichen Erheber seines hohen Hauses, angenommen worden. Als Ursache aber, warum der Herzog Boleslaus oder Bolko der Lange, dem Urahn der Schaffgotsche die Burg Neuburg, später von ihm (1198) Greifenstein geheissen, geschenkt habe, wird erzählt, es habe einst auf dem Basaltkegel, wo diese stand, ein Greif sich ein Nest gebaut und die ganze Umgegend unsicher gemacht, da habe der Herzog Bolko durch Herolde verkünden lassen, wer es wage, diesen Vogel zu erlegen, solle seine Tochter und eine grosse Summe Geldes erhalten. Dies habe ein junger Schäfer, Gottsche Schaf, versucht und das Ungethüm getödtet, habe auch die Herzogstochter und das Schloss Greifenstein erhalten und sei dann mit dem Kaiser als Waffenträger ins Feld gezogen; derselbe habe ihn zum Ritter geschlagen, ihn unter dem Namen Schaffgotsch in den Grafenstand erhoben, auch als Wappen das Schaf gegeben. Darauf bezieht sich auch das verbesserte

Wappen dieser Familie, welches schon in einer Urkunde vom Jahre 1592 erwähnt wird. Hier ist der Schild quadrirt, das erste und vierte Feld sind weiss, darinnen die vier erwähnten rothen Streifen, das zweite und dritte Feld aber ist blau, darin ein gold-farbener gekrönter Greif mit einem grünen dreihügelichen Berge, zum Raube fertig mit ausgeschlagener rubinfarbiger Zunge, auf-geworfenem Fluge und unterschlagenem Schwanze, in seinen Vor-derklauen einen silberfarbigen eckigen Stein haltend. Auf dem Vorderhelm steht das schon erwähnte Schaf unter dem grünen Baume, auf dem andern gekrönten Helme der halbgekrönte Greif, doch ohne das grüne Berglein.

Nach einer andern Sage soll ein armer Hirt vom Kynast, Namens Schafgotsch, als Knappe eines Ritters unter Kaiser Friedrich Barbarossa mit ins gelobte Land gezogen sein und in einer blutigen Schlacht, als der Kaiser, nachdem sein Ross ge-tödtet worden war, beinahe von den Sarazenen überwältigt und gefangen worden wäre, sich zu ihm durchgeschlagen und ihn be-freit haben. Nach errungenem Siege liess ihn der Kaiser vor sich kommen und bot ihm seine Rechte zum Danke; der Knappe aber versetzte, er könne ihm seine noch blutige Hand nicht geben, sondern müsse sie erst an seinem Panzer abwischen, und als er dies gethan, blieben auf demselben vier blutige Strei-fen zu sehen. Der Kaiser aber nahm nun seine Hand, machte ihn zum Grafen und hiess ihn, sich auf der steilen Höhe des Kynast ein Schloss bauen, indem er ihm alles Land, soweit er von dort übersehen konnte, zu eigen gab. Die vier blutigen Streifen auf dem Panzer gab er ihm als Wappenzier.

Es giebt aber noch eine andere Sage hierüber. Unter Kaiser Karl IV. lebte auf dem Schlosse Graupen in Böhmen der könig-liche Kammermeister Thimo von Kolditz, ein gastfreier Mann, in dessen Hause es nie an Besuchern fehlte, obwohl die Meisten wegen seiner schönen Nichte Katharina von Dohna kamen. Unter allen Bewerbern war indess ein gewisser Gotsche Schaf, der Sohn jenes Gotsche, der den Ritt um den Kynast gemacht haben soll, der glücklichste, sie versprach ihm ihre Hand. Indess musste Gotsche an den Hof des jungen Königs Wenzel, als dessen Kämmerling ziehen, wo er den jungen Ritter Friedrich von Schönburg kennen lernte, mit ihm ein Freundschaftsbündniss schloss, und weil dieser nach Meissen, seiner Heimath, zurückkehrte, ihn beauftragte, seiner Braut Grüsse zu bringen. Derselbe täuschte aber sein Vertrauen; als er nach Graupen kam, verliebte er sich selbst in sie und wusste seinen Freund so zu verdächtigen, dass jene diesem ihre Liebe entzog und Schönburg heirathete. Indessen begab es sich, dass dieser mit dem Landgrafen Ludwig von Thüringen gegen den Erzbischof Adolph von Nassau, der sich in Erfurt eingeschlossen hatte, ziehen musste. Hier gerieth er unvorsichtig unter einen Trupp Feinde und wäre niedergehauen worden, wäre ihm nicht Gotsche, der mit Kaiser Karl eben dahin gekommen war, zu Hilfe geeilt. Der Kaiser war erstaunt über diesen Edelmuth und reichte Gotsche seine Hand, dieser aber wischte seine blutige verwundete Hand am silberhellen Harnisch ab, auf welchem vier blutige Streifen zurückblieben, und reichte sie dem Kaiser, der sie sanft schüttelte und sprach: „lass diese Streifen einrosten und als Andenken an Deine ritterliche Rache auf Deinem Wappenschilde für alle Zeiten bleiben."

Schauenburg, von.

S. Lucä, Deutscher Grafensaal. S. 553.

Die Grafen von Schauenburg führten zuerst einen blauen Löwen im silberweissen Schilde. Als sie aber Kaiser Conrad II. in den Grafenstand erhob und Adolph I. das Schloss Schauenburg auf dem Nesselberg erbaute, gab ihm der Kaiser eine Nessel ins Wappen von drei Blättern in scharlachfarbenem Schildlein. Diese drei Blätter wollen Andere mit drei geäugelten Blumen verwechseln; es sind aber nicht drei Blumen, sondern drei Nägel. Man sagt nämlich, es habe Graf Adolph IV. die drei Nägel, sowie auf dem Helme eine Dornenkrone deswegen vom Kaiser Friedrich I. ins Wappen bekommen, weil er als Begleiter desselben auf seinem Zuge nach Palästina im J. 1188 sich sehr tapfer bezeigt habe, und die Nägel sollten die drei Nägel bedeuten, mit denen der Heiland an das Kreuz geschlagen worden sei, die Dornenkrone aber solle darauf hindeuten, dass dieser mit Dornen gekrönt worden sei. Die Herzöge von Holstein führen dasselbe Nesselblatt, weil Herzog Adolph III., nachdem er ganz Holstein und Dithmarsen erobert, von der Gestalt des Landes Holstein, die einem auf der Spitze stehenden Nesselblatt ähnelt, (die zwei Häupter sollen in Wagrien und Dithmarsen die andere und dritte Spitze ausmachen), das Wappen eines Nesselblattes, und von Kaiser Friedrich I., mit dem er nach Palästina gezogen, die drei Nägel ins Wappen bekommen habe.

Schaumburg, von.

S. Grässe, Preuss. Sagenbuch. Bd. II. S. 797. Illustr. Zeit. 1869. Nr. 1381.

Die Burg Schaumburg soll daher ihren Namen erhalten haben, dass einst Conrad II., der deutsche Kaiser, als er hier vorüberzog, bei dem Anblicke derselben ausrief: „Schau 'ne Burg!" Weil aber ihr Erbauer, Adolph von Salingsleben, den dieser Kaiser zum Grafen von Schauenburg, woraus nachher Schaumburg ward, erhob, früher zu Nesselberg in Hessen wohnte, gab er ihm ein Nesselblatt ins Wappen.

Schauroth, von.

S. Gauhen Th. I. S. 1498.

Diese alte thüringische und voigtländische Familie, welche in alten Briefen Schowenrad oder Schowinrod genannt wird, hat ihren Namen daher, dass einst ihr Ahnherr seinem Herrn einen klugen Rath ertheilt und dieser, nachdem er viel Unglück dadurch abgewendet, darauf gesagt hat: „Schau an den Rath!" Dafür hat er ihm auch noch zur Belohnung ein grosses Stück Land und den Adelsrang mit dem Namen Schauroth gegeben.

Scheliha oder Schelian, von.

S. Sinapius. I. S. 808, nach Okolski; Orbis Pol. T. III. p. 117.

Die Herren von Schelian haben ihren Ursprung unter dem polnischen Fürsten Lesco dem Schwarzen im J. 1283 genommen. Nachdem nämlich die Polen und Litthauer einen harten Krieg mit einander geführt und Lesco gern von dem feindlichen Heere Nachricht gehabt hätte, wagte es ein muthiger Soldat, Namens Szeliga, brach bei Mondenschein in das Lager der Feinde, nahm einen Soldaten von der Wache weg und brachte ihn zu Lesco, welcher nach eingezogenem Bericht die Feinde unversehens überfiel und einen herrlichen Sieg davontrug. Für diese seine That adelte ihn der Fürst, schenkte ihm der Zeit wegen, da solches geschehen, den halben Mond in sein Wappen, den weissen und rothen Rosenkranz aber deshalb, weil er so redlich für seinen Herrn und sein Vaterland sein Blut und Leben in die Schanze geschlagen hatte.

Schelm von Bergen.

S. Gottschalk, Ritterburgen Deutschlands. Bd. VIII. S. 251. Lynker, Hess. Sagen. S. 150 fg. Kaufmann, Quellenangaben zu Simrocks Rheinsagen. (Köln, 1862.) S. 121 fg. Illustr. Zeit. 1867. Nr. 1228.

Das Geschlecht der Schelme von Bergen ist im Mannsstamme im Jahre 1844 ausgestorben. Ueber seinen Ursprung existirt folgende Sage. Einst war Kaiser Friedrich Barbarossa auf der Jagd. Da ward er von einer wilden Sau angegriffen; getrennt von seinem Gefolge, musste er allein sie anlaufen lassen, und es gelang ihm, sie zu tödten. Als er nun froh, die Gefahr überstanden zu haben, sich den Schweiss von der Stirne wischte, sah er hinter sich einen Mann stehen. „Wer bist Du und warum kamst Du mir nicht zu Hilfe, da Du meine Noth sahest?" fuhr ihn der Kaiser an. „Gnädigster Kaiser,"

erwiderte der Mann, „ich bin der Schelm (Nachrichter) von Bergen,
habe aber indessen auch nicht müssig gestanden!" Damit deutete
er auf eine zweite Sau, die am Boden lag und sich in ihrem Blute
wälzte und die dem Kaiser, als er die erste abfing, unfehlbar in
den Rücken gefallen wäre, hätte ihr nicht der Schelm den Weg
verlegt. Da dankte Barbarossa gerührt dem wackern Manne, liess
sich von ihm zu seinem Gefolge begleiten und schlug ihn zum Ritter.

Nach einer anderen Sage ist aber die Ursache, dass jener Mann
geadelt ward, eine andere gewesen. Auf einem Hofballe tanzte
die Kaiserin mit einem unbekannten Ritter, der durch seine An-
muth und edle Haltung Aller Augen auf sich zog. Der Kaiser
Friedrich fragte ihn endlich nach seinem Namen und Herkommen,
da ihm Niemand hatte sagen können, wer er sei. Da erhielt er
die schreckliche Antwort, dass er der Schelm von Bergen sei. Mit
Entsetzen wichen Alle von dem Kecken zurück, der es gewagt
hatte, durch seine entehrende Berührung die allverehrte Kaiserin
zu beflecken und der erzürnte Kaiser sprach schon das Todesurtheil
über ihn aus. Da trat der Schelm unerschrocken vor ihn hin und
sprach: „gnädigster Kaiser, mein Tod macht das Geschehene nicht
ungeschehen, wollt Ihr dies, so macht aus mir, was Euere Höflinge
sind!" Da lächelte der Rothbart gnädig und sprach: „Du bist ein
Schelm mit Rath und That und magst's denn auch bleiben: darum
kniee nieder, Ritter Schelm von Bergen!" Der Schelm that's und
empfing den Ritterschlag.

Schenk von Schweinsburg.

Die Sage von dem Ursprunge dieses Geschlechtes ist besungen von Gaudy,
Schildsagen (Glogau u. Leipzig. 1834). S. 15 fg. S. a. Gauhen Th. I. S. 1505.
Winkelmann, Hess. Gesch. Th. II. S. 109.

Als die heilige Elisabeth aus Ungarn
nach Deutschland kam, begab es sich, dass
eines Tages eine furchtbare Hitze war und
das sie begleitende Gefolge von Rittern und
Knappen sich nur mit Mühe durch eine
lange dürre Sandwüste dahinschleppte. Da
stand ein bleiches, kränklich ausschauendes
Weib, einen Säugling an der vertrockneten

Brust und einen kleinen Knaben an der Seite, an der Heerstrasse
und flehete die Vorüberziehenden jammernd um eine kleine Labung
an. Aber kaltherzig schauten die Ritter auf sie herab und der
rohe Tross der Knappen bot ihr statt Speise und Trank nur bitteren
Hohn und Spott. Nur einer aus der Schaar der Lanzenknechte,
wegen seiner Tapferkeit Eisen-Walther genannt, hatte Mitleid mit
ihr, reichte ihr das harte Brod, welches er für sich selbst bestimmt
hatte, und den wenigen Wein, den er noch in seiner Reiseflasche
mit sich führte, zur Labung, für sich selbst behielt er nichts.
Aber die heilige Elisabeth, welche hinter den Reisigen herkam,
hatte Alles mit angesehen. Sie sprach: „komm her, Du treuer
Knecht, was Du dem Aermsten thatest, sprach unser Herr, thatest
Du für mich. Er wird im Himmel lohnen, auf Erden lohne ich.
Wie Du hier die Kranke gelabt mit Brod und Wein, sollst Du
von nun mein Schenke sein und mir im hohen Königssaal den
Pokal kredenzen!" Darauf hiess sie ihn niederknieen und schlug
ihn zum Ritter. Nachdem er sich später verheirathet, erbaute er
die Schweinsburg und nannte sich Schenk zu Schweinsburg, und
seine Nachkommen haben bis auf die neueste Zeit in Hessen das
Erbschenkenamt bekleidet.

Schimonsky, von.

S. Sinapius. 1. S. 819; nach Okolski. T. II. p. 356.

Dieses Geschlecht hat unter dem Grossfürsten von Polen, Boleslaus dem Kühnen, von einem tapferen Krieger, Namens Ostoia,
seinen Anfang genommen, welcher eine feindliche Wache überfallen, zum Theil getödtet, zum Theil gefangen hatte, auch nachmals durch Verrätherei und Anführung eines von den Gefangenen
das Lager der Feinde zur Nacht bei Mondschein überrumpelte, so
dass seine Leute diese meist in die Pfanne gehauen haben. Für
diese Heldenthat ist er von dem Fürsten geadelt und ihm der
Mond der Zeit wegen, da solches vorgegangen, und der Degen, den
er dem Feinde so oft zu schmecken gegeben, ins Wappen gesetzt
worden.

Schindel, von.

S. Sinapius. I. S. 820.

Dieses Geschlecht, welches im Schilde und auf dem Helme drei weisse Schindeln führt, hat seinen Ursprung folgender Begebenheit zu danken. Es soll nämlich ein gewisser Kaiser sich auf der Jagd von den Seinen verirrt haben. Da ist er denn im Walde zu einem Schindelmacher gekommen, der gerade Schindeln machte. Dieser hat den Kaiser wieder zu den Seinigen gebracht, wofür er reichlich beschenkt und ihm zum Andenken daran drei Schindeln im Wappen zu führen erlaubt worden ist. Es soll dieser Schindel der Stammvater derer von Schindel, die in der blutigen Tartarenschlacht vom Jahre 1241 sich mit befanden, gewesen sein.

Schlegell, von.

Poetisch behandelt von Hesekiel, Wappensagen. S. 264.

Die Herren von Schlegell führten in ihrem Wappen zwei Bergmannsschlägel und ein rothes Rosshaupt. Die Schlägel hat ihr Urahn, ein gewöhnlicher Bergmann, dafür bekommen, nachdem er geadelt worden war, weil er in einer Schlacht für seinen Bergherrn so tapfer gekämpft hatte, dass dieser den Sieg gewann, das Rosshaupt aber einer seiner Nachkommen, der in einer Schlacht so tapfer für seinen Herzog gefochten hatte, dass sein Ross von dem Blute der von ihm Erschlagenen — achtzehn Gegner hatte er getödtet — roth gefärbt worden war. Zuweilen fehlt jedoch letzteres im Wappenschilde und statt zwei hat es nur einen Schlägel.

Schleifras, von.

S. Lyncker, Hessische Sagen. S. 150 fg.

Einst wollte der Kaiser Barbarossa von seiner Pfalz zu Gelnhausen über den Spessart nach Würzburg reisen. Da liessen sich drei Männer bei ihm melden und theilten ihm mit, sie hätten zufällig von einem Mordplan seiner Feinde Kunde bekommen, der gegen ihn auf dieser Reise ausgeführt werden solle, sie bäten ihn also als seine treuen Unterthanen, von dieser Reise abzustehen. Da sandte der Kaiser seinen Wagen aus und setzte eine vermummte Gestalt hinein und wie nun der Wagen durch den dunkeln Wald fuhr, stürzten die Bösewichter hervor und freuten sich schon ihres gelungenen Bubenstücks. Allein die Getreuen des Kaisers waren in der Nähe, umzingelten und fingen sie und brachten sie nach Gelnhausen. Der Kaiser aber liess die drei Männer vor sich kommen, dankte ihnen feierlichst und schlug sie zu Rittern. Der eine war der Gelnhäuser Förster, der sich nunmehr „von Forstmeister zu Gelnhausen" nannte, der andere, der Schelm von Bergen, behielt diesen Namen und der dritte, der Knecht des letzteren, schrieb sich nunmehr von Schleifras (Schleif-aas) und wählte zum Andenken an sein blutiges Handwerk Schinderbeil und Schleife zu seinem Wappen.

Schleinitz, von.

S. Sinapius. II. S. 968.

Der Name dieser Familie kommt nicht von „schleinig", wie Einige sagen, sondern von ihrem Stammschlosse Schleinitz bei Lommatsch her. Dieser Name bedeutet aber im Slavischen eine Rose, welche dieses Geschlecht auch im Wappen führt.

Schlieben, von.

S. Haupt, Sagenbuch der Lausitz. Bd. II. S. 359.

Die Wenden werden noch heute an etlichen Orten Schluben genannt, da in der Lausitz, wie auch anderthalb Meilen von Frankfurt a.d.O. ein Wasser ist, die Schlube genannt, und es kann sein, dass das edle Geschlecht der von Schlieben in der Lausitz und benachbarten

Orten sammt der Stadt dieses Namens von diesen Völkern auch seinen Namen erhalten hat, wie auch in den alten meissnischen Briefen gefunden ward, dass Edelleute von Schlieben vor Zeiten die von Slobin, Slubin und Schluben sind genannt und geschrieben worden. Wie denn ebendaselbst noch ein Geschlecht, die Stodderheym (Stutterheim) geheissen sind, welche von den alten Wenden, den Stodderains, so nach etlicher Meinung um die Stadt Luckau in der Lausitz gewohnt, sollen genannt sein, wie auch die Herren von Miltitz von dem Volke der Milziener.

Schmiedberg, von.

S. Bechstein, Sage, Mythe etc. Bd. II. S. 177.

Dieses im vormaligen Erzstift Trier angesessene freiherrliche Geschlecht hat folgende Sage über den Ursprung der silbernen Schnalle in seinem Wappen. Ein muthiger Waffenschmied aus Trier, der sich stets in der Umgebung Kaiser Otto's II. befand, soll im Jahre 982 den Kaiser, der sich, um der Gefangenschaft der Griechen zu entgehen, in das Meer gestürzt hatte, dadurch gerettet haben, dass er ihn an der silbernen, mit kostbaren Edelsteinen besetzten Gürtelschnalle packte und so über dem Wasser hielt. Darauf habe der Kaiser den treuen Mann flugs zum Ritter geschlagen, ihm die mit Edelsteinen besetzte kostbare Schnalle nicht blos zum Andenken geschenkt, sondern auch erlaubt, dieselbe im Wappen zu führen, und ihn im Erzstift Trier reich mit Gütern beliehen. Dann habe der neue Ritter ein stattliches Schloss gebaut und es Schmiedburg genannt und sei so der Stammvater eines blühenden Adelsgeschlechtes geworden.

Schönberg, von.

S. Peccenstein Th. I. S. 84. Gauhen Th. I. S. 73. 1565. Haupt Bd. II. S. 36.

In Calabrien, nahe am Toscanischen Meere, liegt eine kleine Stadt mit einem Bergschlosse, Belmonte genannt. Dahin kam 600 Jahre vor Chr. Geb. mit den ersten Rhätiern zur Zeit des römischen Königs Tarquinius Priscus eine Familie, die sich zu hohen Ehren und Würden erhob. Diese Herren von Belmont übersiedelten in der Folgezeit nach Chur in Graubündten, verdeutschten ihren Namen und nannten sich von Schönberg. Sie waren im Jahre 775 unter denjenigen Grafen und Herren, mit welchen Karl d. Gr. nach der Eroberung der Feste Brunsberge Rath gehalten hat, wie und wo er Gott zu Dank und Ehren ein Benedictinerkloster erbauen möchte. Aus der Schweiz verbreiteten sie sich nach Hessen und hausten daselbst an der Diemel in ihrem Schlosse Schönenberg, von welchem noch heutigen Tages die Trümmer zu sehen sind. Auch am Rheinstrome breiteten sie sich aus und kamen von dort nach Meissen, Sachsen, Böhmen, Schlesien und der Lausitz. Ihr Wappenschild zeigt einen springenden Löwen, der zur obern Hälfte roth, zur untern Hälfte grün ist. Es soll nämlich einmal ein Ritter aus dieser Familie im gelobten Lande am Ufer eines Flusses, der sehr morastig und mit Schilf bewachsen war, von einem Löwen überfallen worden sein. Als ihn nach langem und beschwerlichem Kampfe der Ritter erlegte, fand es sich, dass der Löwe zur Hälfte mit Meerlinsen bedeckt war und deshalb grün aussah.

Schönburg, von.

S. Grässe, Sächsischer Sagenschatz. Bd. I. Nr. 555. S. 494.

In der letzten Schlacht, welche Karl der Grosse dem tapferen Sachsenfürsten Wittekind lieferte, kam er sehr ins Gedränge; schon waren die Meisten seiner Begleiter gefallen, nur er allein widerstand noch mann-

haft dem Andrange der Feinde. Plötzlich traf ein mit starker
Hand geschleudertes Felsstück seinen Schild, derselbe zersprang
und Karl der Grosse hatte nur noch sein Schwert zur Vertheidigung. Da erhob sich aus dem Haufen von Leichen, der rings
um ihn her aufgethürmt war, einer seiner gefallenen Gefährten
und reichte ihm seinen Schild. Kaum hatte er sich damit gedeckt,
als auch schon Hilfe nahte und die Schlacht zur Ehre der Christen endigte. Noch vorher aber hatte der edle Frankenkönig seinen
Retter in der Noth unter den Todten und Sterbenden ausfindig
gemacht und ihn glücklicher Weise noch am Leben angetroffen.
Er erkannte ihn als einen Schönburg. Derselbe führte bis dahin
nur ein einfaches Silberschild ohne Kleinod, da berührte Karl
mit Ring-, Mittel- und Zeigefinger seiner Rechten die blutende
Wunde seines Retters und strich mit der Wunde reinem Blute
zweimal über das silberfarbene, herzförmige, jetzt von den Geschossen der Feinde vielfach verletzte Wappenschild, so dass zwei
rothe Streifen dasselbe zierten, und sprach: „Schönburg, dies sei
fortan Dein Zeichen, Dein Blut das Wappenkleinod Deines Hauses!"

Schulenburg, von der.

S. Peccenstein. Th. I. S. 131. Haupt, Sagenbuch der Lausitz. II. S. 36.
Temme, Sagen der Altmark. S. 64.

Ein Vorfahr des freiherrlichen und gräflichen Geschlechtes derer von der Schulenburg,
Dietrich oder Tugendreich genannt, war einer
der Kriegsobersten Albrechts des Bären. Er
zeichnete sich nicht blos durch männliche
Thaten in den Schlachten gegen die Wenden,
sondern besonders auch dadurch aus, dass er
sich angelegen sein liess, für den Unterricht
des heidnischen Volkes zu sorgen, wie denn noch heutzutage die
Schulenburge den Ruhm haben, dass sie sich der Kirchen und
Schulen fleissig annehmen und also ihren in alter Zeit deshalb
erhaltenen Namen mit der That beweisen und bestätigen. Nach

einer andern Sage kommt aber der Name daher, weil sie von ihrer in der Altmark beim Dorfe Stapenbeck gelegenen Veste Apenburg, deren Ruinen noch zu sehen sind, ihren Feinden auflauerten. Davon erhielt diese und das Geschlecht den Namen Schulenburg, weil „schulen" in der alten deutschen Sprache soviel als „lauern" bedeutet haben soll.

Schwarzenberg, von.

S. Bernd, Hauptstücke der Wappenwissenschaft. Bd. II. S. 70. Salon 1875. Nr. 12. S. 1440.

Im fürstlich Schwarzenbergischen Wappen erblickt man einen Raben mit einem goldenen Halsbande, der an einem Türkenkopfe mit seinem Schnabel hackt. Dieses Sinnbild soll daran erinnern, dass durch die von Adolph von Schwarzenberg am 29. März 1598 bewirkte Eroberung der von den Türken besetzten Festung Raab in Ungarn viele Türken umkamen und eine Speise der Raben wurden, oder dass diese Festung den Türken so werth war wie das Auge im Kopfe. Wahrscheinlicher ist es, dass sich das Wappen darauf bezieht, dass jener bei dieser Gelegenheit dem Renegaten Ali Pascha den Kopf abhieb.

Schweinichen, von.

S. Sinapius. I. S. 840, nach Hageck, Böhm. Chronik. S. 10. Salon 1875. Nr. 12. S. 1438.

Der Ursprung dieser Familie rührt von einem böhmischen Ritter Namens Biwoy her, der im Jahre 716 ein ihm begegnendes wildes Schwein erwischte, bei den Ohren gefasst hat und der Königin von Böhmen, Libussa, auf ihr Schloss Bilin brachte, nachmals aber solcher Stärke und Heldenthat wegen ihre Schwester Kascha, die dazumal von ihrem Schlosse

Kaschin nach Bilin gekommen war, zur Ehe und den Namen des
Ritters von Schwein bekommen, auch mit ihr verschiedene Söhne
gezeugt hat, deren Nachkommen sich nach ihren Stammhäusern
Tremschinsky, Klapsky, Koschalowsky etc. nannten. Alle drei
haben später einen Schweinskopf im Wappen geführt.

Schweppermann.

S. Schöppner, Baierisches Sagenbuch. Bd. III. S. 151. Illustr. Zeit. 1867.
Nr. 1232.

Der tapfere Schweppermann wurde einst in waldiger Gebirgs-
gegend von Feinden verfolgt und wusste sich kaum zu retten.
Da kam er zu einer Schmiede, liess seinem Pferde die Eisen ver-
kehrt aufschlagen, so dass der offene, hintere Theil nach vorn,
der vordere nach hinten schaute, und täuschte so durch die ver-
kehrte Spur seine Verfolger. Daher hat Siegfried Schweppermann
statt des Einhorns, welches er bis dahin in seinem Wappen geführt hatte, die nach verschiedenen Richtungen laufenden Hufeisen
darin aufgenommen.

Scopp, von.

S. Sinapius Th. I. S. 903.

In der Tartarenschlacht bei Liegnitz im
J. 1241 wurden alle männlichen Glieder dieser Familie getödtet, mit Ausnahme zweier,
die den geistlichen Beruf gewählt hatten, der
eine war ein Franziscaner, der andere ein Do-
minicaner geworden. Um das Geschlecht nicht
aussterben zu lassen, traten beide aus dem
Kloster und wurden weltlich. Ihr Wappen,
welches einen aufgerichteten Löwen in einem gelben Schilde zeigte,
veränderten sie dahin, dass der eine dem Löwen eine braune, der
andere eine schwarze Kutte umhängen liess.

Sebottendorf, von.

S. Sinapius. Th. I. S. 865.

Dieses Geschlecht stammt aus Kurland. Seine Vorfahren hatten dort in der kurischen Nehrung einige kleine Besitzungen. Einer von ihnen wurde einst als Gesandter zu einer kaiserlichen Majestät geschickt und von dieser wegen seiner vortrefflichen Eigenschaften und guten Dienste in den Adelsstand erhoben und mit dem Namen Seebote beehrt, auch mit einem Wappen begnadigt, welches im Schilde eine Wasser-Kannelwurzel mit zwei daran hängenden Kannelblättern, auf dem Helme aber zwei dergleichen Blätter mit zuwachsenden Seerosen enthält.

Seckendorf, von.

S. Schöppner, Baierisches Sagenbuch. Bd. II. S. 201 fg. III. S. 178; nach d. Chron. Rotenb. bei Raim. Duellii Miscell. T. II. p. 262. u. Hormayr, Taschenb. 1837. S. 167.

Die von Seckendorf sollen anfangs Bauersleute gewesen, aber dann an den Hof Kaiser Heinrichs und St. Kunigundens zu Bamberg gekommen sein, wo sie sich besonders auszeichneten. Als nun einst der Kaiser über Land ritt, baten sie ihn um ein Wappen. Derselbe erwiderte, er habe nichts, was er ihnen dazu geben könne. Da sprachen seine Räthe, weil er gerade unter einer Linde wegritt, er möge ihnen doch ein Kränzlein von Lindenblättern verleihen als Wappen zu seiner Ehre zu tragen. Dies that der Kaiser auch und machte ihnen ein Kränzlein übereinander geschränkt von Blättern und von einem Zweige, in weissem Felde zu führen, und auf dem Helme einen Busch mit Blättern. Als sie später mächtiger wurden, änderte aber der Kaiser auf ihr Bitten das Wappen, also dass sie nun ein rothes Kränzlein von Lindenblättern in weissem Felde und einen Federbusch auf einem weissen Hute auf dem Helme führen.

Es giebt aber noch zwei andere Sagen hierüber. Nach der einen hat einmal der Kaiser Friedrich Barbarossa in einem Walde am Main gejagt und ist von einem Auerochsen angegriffen worden. Das wüthende Thier streckte das Ross des Kaisers mit einem gewichtigen Stosse seines Hornes zu Boden und bedrohte den zu Boden stürzenden Kaiser selbst, da eilte einer seiner Jäger, Namens Walter, herbei und fällte den Ur mit einem gutgezielten Schwertstosse. Dafür schlug ihn der Kaiser auf derselben Stelle zum Ritter und gab ihm den abgebrochenen Zweig einer belaubten Linde als Ehrenzeichen und das in Franken gelegene Seckendorf als Lehen.

Anders lautet die dritte Sage. Bei Langenzenn (wo nachmals der Seckendorfe Erbgruft war) stand eine ungeheuere Linde, unter deren schattigem Laubdach sich die Umwohner oft zu Spiel und Tanz zu versammeln pflegten. Als im Jahre 950 der Kaiser Otto der Grosse seine Heerfahrt nach Welschland unternahm, kam er auch hierher, rastete unter der Linde und sah einer zufällig gerade an diesem Tage gefeierten Dorffestlichkeit zu. Von einem Fliegenschwarm belästigt, rief er, man möge ihm einen Zweig von der Linde zur Abwehr brechen, ein Jüngling reichte ihm einen solchen mit einem passenden Spruche. Da sprach der Kaiser: „ei, da Du so muthig im Reden bist, bist Du es wohl auch in Thaten. Willst Du mein Knappe sein?" Als nun jener freudig einwilligte, hiess er ihm Schwert und Schild reichen, schränkte ihm den Lindenzweig zusammen und hing ihn über seinen Helm. Hierauf fragte er ihn nach dem Namen des Ortes, wo er her sei, und als dieser antwortete: „Seckendorf", so sagte er: „das soll Dein Name sein und unter diesem sollst Du mir dienen!" Der Jüngling kam als ein reicher, ruhmgekrönter Ritter aus Italien zurück und schon unter Adolph von Nassau war sein Geschlecht so ausgebreitet, dass es sich in eilf Zweige theilte: von Emskirchen, Dürrenbuch, Au, Rhienhofen, Hörauf, Hoheneck, Jochsberg und in den Pfaffischen, Noldischen, Aberdärischen und Guttendischen Zweig, welche beiden letzteren die übrigen überlebten.

Seidlitz, von.

S. Sinapius I. S. 880. Haupt, Laus. Sagenbuch. II. S. 37.

Die Herren von Seidlitz, welche bereits im Jahre 1284 auf dem Turniere zu Regensburg vorkommen, haben ihren ersten Ursprung in den wendischen Kriegen um 931 zu suchen. Da haben nämlich drei tapfere Ritter, die aber Brüder waren, und nebst Anderen in einer an einem fischreichen Strom gelegenen Festung als Besatzung sich aufhielten, sich einst in dem Strome mit Fischen belustigt. Dieselben sind hierbei von einer feindlichen Partei überfallen worden, haben sich aber bald von ihrem Erschrecken erholt, ihre bei der Hand befindlichen Waffen ergriffen und so lange mit vereinter Tapferkeit den Feind aufgehalten, bis sie nach gegebenem Zeichen von der Festung aus unterstützt wurden, da sie denn in die Feinde eingedrungen sind, sie in die Flucht getrieben und ihnen zwei Standarten abgenommen haben sollen, worauf sie geadelt und mit drei rothen Fischen (Karpfen), zwei Büffelshörnern und zwei Standarten als Zeichen ihrer ritterlichen Thaten beschenkt worden sind.

Seinsheim, von.

S. Schöppner, Baierisches Sagenbuch. Bd. III. S. 179 (nach dem Chron. Rotenburg bei Duellii Miscell. II. p. 262).

Die von Seinsheim sollen anfangs Bauern gewesen sein, als sie aber nach und nach an den Hof von Grafen und Fürsten und endlich in die Umgebung des Kaisers kamen und sich hier als tapfere und redliche Männer bezeigten, baten sie denselben, er möge ihnen ein Wappen verleihen, da sie sich um ihn und das deutsche Reich wohl verdient gemacht hätten. Der Kaiser biess sie am nächsten Morgen wiederkommen, er wolle darauf denken. Als sie nun kamen und ihn an

sein Versprechen erinnerten, sagte er; er habe noch keins finden
können, weil aber gerade heute Schnee gefallen sei, so sollten sie
drei weisse Striche nehmen und dazu drei blaue in einander ge-
mischt im Schilde führen, das solle ihr Wappen sein. Später
haben sie aber vier weisse und vier blaue Striche dafür angenommen.

Senitz, von.

S. Sinapius. I. S. 890.

Dieses alte adelige Geschlecht soll seinen
Ursprung von einem polnischen Krieger haben,
der unter den alten heidnischen Fürsten in
Polen sich in Kriegsdiensten wider die Römer
befunden haben soll. Als dieser einst hörte, dass
in Oberitalien im Gardasee, nicht weit von Bres-
cia in der Venetianischen Lombardei, geflügelte
Karpfen gefunden würden, die sich nur von
Goldsand nährten, soll er sich erboten haben, seinem Fürsten den
andern Tag einen solchen Fisch zu bringen, solches auch bewerk-
stelligt und daher einen Karpfen mit silbernen Flügeln im Wappen erhalten haben.

Seydewitz, von.

Poetisch behandelt schon im Jahre 1495 von Hans Rosenplüt, darnach von
Hesekiel, Wappensagen. S. 273.

Die Herren von Seydewitz führen in
ihrem Wappenschilde drei halbe Mohrenköpfe
zur Erinnerung daran, dass einst ein Seydewitz
in der Schlacht bei Tours, wo Karl Martell
die Mauren schlug und aus Frankreich ver-
trieb, mit einem Schwerthiebe drei Gegner
auf einmal in Stücke gehauen haben soll.

Silver, von.
S. Sinapius. II. S. 469.

Der Stammvater dieses Geschlechts war Wolf Ulstetter aus
Aachen, der 1051 bei der Gemahlin des Herzogs von Böhmen, Bre-
tislaw, Brigitta, Kanzleischreiber ward, aber 1055 mit den übrigen
Deutschen von dem Sohne desselben aus Böhmen vertrieben ward.
Er ging nach Breslau, aber unterwegs traf er 60 deutsche flüchtige
Bergleute, warb diese zur Anlegung eines Silberschachts bei Trau-
tenau an, und als er hier viel Silbererz fand, erbaute er 1056 das
Schlösschen Breckstein oder Silberstein und veränderte mit Er-
laubniss des Herzogs seinen Namen in den von Silver oder Silber.

Späthen, von.
S. Gauhen. I. S. 1736.

Diese alte würtembergische Familie führte sonst den Namen
Kayben, ward aber wegen eines von einem ihrer Glieder zu spät
besuchten Turniers die Späten genannt. Nach Andern soll aber
einer von Kayben mit seiner Frau, die schon sehr betagt war,
zwei Söhne auf einmal gezeugt haben, welche man zuerst die
Späthen genannt hat.

Spiller, von.
S. Sinapius. I. S. 922.

Dieses uralte Geschlecht, so vor Zeiten
Hauschild geheissen, hat den Namen Spiller
von dem Stammhause Spiller im Jauerschen,
den alten Geschlechtsnamen Hauschild aber
daher überkommen, dass, als der erste
Spiller einst in einem harten Treffen nahe
bei seinem Kaiser sich befand, und alsbald
auf dessen höchste Person aus den Feinden
ein wohlgeharnischter tollkühner Ritter gewaltig eindrang, der
Kaiser den Spiller rief, er solle in Schild hauen, welches dieser

glücklich verrichtet, den Feind erlegt und nach solcher bewiesenen Tapferkeit den Namen „Hau in Schild" und auch die Federn auf dem Helme als Zeichen des Adels erhalten hat.

Sprinzenstein, von.

S. Erzählungen und Sagen aus dem Erzherz. Oesterreich etc. I. S. 37.

Der Ursprung dieses österreichischen Adelsgeschlechts wird so erzählt. Ein Bauer sah auf dem Felsen, wo jetzt das Schloss Sprinzenstein im Mühlkreise steht, öfters einen Sprinz oder Habicht und jagte ihn auch mehrmals weg. Da jedoch der Vogel allzeit wieder am nämlichen Orte niederflog, so hielt es der Mann für ein gutes Zeichen. Er grub nach, fand einen Schatz, baute sich ein Schloss, kaufte sich den Adel und nannte sich und sein Schloss nach jenem auf seinem Felsen gesehenen Habicht.

Stein von Altenstein.

Erste Sage.

S. Schöppner, Baierisches Sagenbuch. Bd. III. S. 83.

Diese alte Familie leitet ihre Abkunft von dem Donnergotte Thor ab und enthalten die drei Hämmer in blutigem Felde in dem Hauptschilde ihres Wappens eine Anspielung auf dessen Hammer Miölnir. Nach einer andern Sage hätten aber die drei Hämmer folgenden Ursprung. Als nach der Ermordung der elf Brüder von Altenstein durch Bischof Iring von Würzburg aus der Familie Reinstein im Jahre 1254 der zwölfte dieser Brüder, der Ritter von Herdegen, entkommen war, flüchtete er sich nach Wien und nährte sich, bis ihm seine Familiengüter zurückgegeben wurden, als Maurer mühsam durch seiner Hände Arbeit. Zum Andenken hieran nahm später die Familie die drei Hämmer in ihr Wappen auf.

Stein von Altenstein.
Zweite Sage.
S. Illustr. Zeitung 1868. Nr. 1279.

Die Freiherren Stein von Altenstein, welche von dem Schlosse Altenstein im Landgericht Ebern in Unterfranken, heute noch einer der grössten Ruinen Deutschlands, stammen, führen in ihrem Wappen als Zeichen drei Maurerhämmer, welche folgenden Ursprung haben sollen. Eiring von Reinstein, Bischof von Würzburg, hatte im Jahre 1254 elf Brüder von Altenstein ermorden lassen, dem zwölften aber, Ritter Herdegen, gelang es zu entkommen. Er flüchtete nach Wien und lebte dort längere Zeit in Dürftigkeit als Maurer. Später wurden ihm jedoch die ihm entrissenen Familiengüter wiedergegeben und er nahm zum Andenken dieses drei Maurerhämmer in sein Wappen auf. Später kam noch ein goldnes Jagdhorn und ein an einer Schnur geführter Leithund dazu, welche der Kaiser Leopold dem Oberjägermeister zu Baireuth Johann Kasimir von Altenstein verlieh, der ihn auf einer Jagd bedient hätte.

Landschaden von Steinach.
S. Schnezler, Badisches Sagenbuch. Bd. II. S. 570. Illustr. Zeit. 1866. Nr. 1224. Salon 1875. Nr. 12. S. 1431. Die Sage ist poetisch behandelt von Gaudy, Schildsagen. S. 309.

Zwei Stunden oberhalb Heidelberg liegt das Städtchen Neckarsteinach am Fusse grauer Felsen, und auf den umliegenden Höhen erblickt man vier zerfallene Ritterburgen, die Sitze der Landschaden von Steinach. Auf der ältesten, Schadeck geheissen, hauste der Ritter Bligger von Steinach, ein wilder Raubritter, der, weil Kaiser Rudolf von Habsburg verordnet hatte, es solle Niemand eine Burg haben, es geschehe denn ohne des Landes Schaden, den Namen von Landschaden erhielt, weil er die ganze Umgegend schädigte. Deshalb ward er auch in die Acht erklärt und eines Morgens ermordet im Burghofe gefunden. Sein Sohn Ulrich Landschaden von Steinach hatte wohl seines Vaters

Namen, aber nicht seinen bösen Sinn geerbt; um seines Vaters
Missethat zu sühnen, zog er mit nach Palästina gegen die Ungläubigen. Es gelang ihm, sich als Harfner verkleidet in das Hof-
lager des feindlichen Sultans zu schleichen und demselben, dessen
Gunst er gewonnen hatte, im Schlafe den Kopf abzuhauen, den
er mit reicher Beute wieder zum Christenheere brachte. Jetzt
bestätigte ihm der Kaiser seine Ritterwürde, verlieh ihm den bisherigen Schimpfnamen Landschade als ehrlichen Geschlechtsnamen
und gestattete ihm, den Kopf des erlegten Feindes als Helmzierde
zu führen. Er starb im Jahre 1369. Sein Grabstein in der Kirche
zu Neckarsteinach stellt ihn als Ritter mit gesenktem Schwerte
dar, zwei Engel halten ihm ein Kissen unter das Haupt, zu seinen
Füssen schmiegt sich ein Hund, zur Rechten hat er eine Harfe,
zur Linken einen gekrönten Heidenkopf.

Sternberg, von.
S. Sinapius. I. S. 932.

Dieses alte gräfliche und freiherrliche Geschlecht, welches schon 942 in
einem Turnier vorkommt, soll seinen Ursprung folgender Begebenheit verdanken.
Als im Jahre 1241 nach der Schlacht
bei Liegnitz die Tartaren aus Schlesien
durch Mähren nach Ungarn wieder zu-
rückzogen, Mähren aber jämmerlich ver-
wüsteten und Olmütz belagerten, soll einer der vornehmsten tar-
tarischen Anführer, der nahe bei der Stadtmauer sich erkühnte,
allerhand Prahlereien zu treiben, von einem heldenmüthigen Soldaten, Namens Jaroslaus Sternberg, gefangen und in die Stadt
gebracht worden sein, worauf jener von dem König Wenceslaus
von Böhmen den Stern ins Wappen, auch das mährische Schloss
Sternberg zur Belohnung erhalten hat, ferner mit einem Fürsten-
hut beschenkt und zum ersten Landeshauptmann in Mähren ernannt
worden ist.

Stillfried, von.

S. Sinapius. II. S. 451.

Dieses Geschlecht stammt von Stoymir, dem Herzog von Böhmen, einem Abkömmling der Schwester Libussas Kascha, ab. Besagter Stoymir nämlich ist 13 Jahre lang, ehe er in Böhmen zur Regierung kam, in Baiern gewesen, hat also die Böhmische Sprache verlernt, weshalb die Böhmen, weil sie nicht mit ihm reden konnten, ihn sehr bald wieder nach Baiern fortjagten. Weil nun aber „stoy" böhmisch soviel ist als das deutsche „stehe still", so ist der Name Stoymir in Stillfried verwandelt worden.

Stössel, von.

S. Sinapius. I. S. 939.

Dieses alte Geschlecht soll nach Einigen zuerst auf der Insel Corsica florirt, Stoletto geheissen und von Kaiser Friedrich Barbarossa wegen seiner Tapferkeit einen Mohrenkopf ins Wappen erhalten haben. Dieselbe Familie in Polen, Mora genannt, führt im Wappen einen schwarzen Mohrenkopf mit einer weissen auf den Rücken herabhängenden Binde umwunden. Der Urahnherr derselben soll darum diesen umbundenen Mohrenkopf von einem König von Portugal ins Wappen erhalten haben, weil, als einst der zwischen diesem und den Mauren geführte Krieg so beigelegt werden sollte, dass in beider Armeen Beisein auf portugiesischer Seite und auf der Feinde Seite einer mit dem andern um den Sieg kämpfen sollte, besagter Urahnherr im Zweikampf den Platz behalten, dem Mohren den Kopf abgehauen und solchen in eine Binde eingewickelt dem König überbracht habe.

Stolberg, von.

S. Sinapius. I. S. 242. Peccenstein, Theatr. Saxon. Th. I. S. 253. Grässe, Sächs. Sagenschatz. Th. I. S. 229. Nr. 253.

Der Ursprung dieses Geschlechtes wird auf Otto von Columna, einen römischen Ritter, der um 566 seine Residenz in dem Harzgebirge aufschlug, zurückgeführt. Derselbe soll wegen seiner Heldenthaten gegen die Thüringer unter ihrem König Ermaufried von Kaiser Justinus II. die hohe Würde eines Grafen von Stolberg und römischen Judex sammt einem schwarzen Hirsche im goldenen Felde des Wappens erhalten haben, nachdem er dem Kaiser, der sich zu Scheidungen aufhielt, einen auf dem alten Stahlberge bei Rothleberoda gefangenen schwarzen Hirsch als ein rares Wildpret verehrt hatte. Besagter Otto, der dafür vom Kaiser die ganze Gegend zum Geschenk erhielt, lebte aber im Ehestande mit Christine von Henneberg. Seine Nachkommen besassen aber eine solche Macht und Ansehen, dass sie sich in Urkunden von Gottes Gnaden schrieben, ihnen auch vom Papste der sonst nur Fürsten beigelegte Titel eines vir nobilis gegeben ward.

Stosch, von.

S. Sinapius. I. S. 943.

Dieses alte Geschlecht, welches in Böhmen, Mähren und Schlesien ansässig ist, führt im rothen Schilde zwei weisse Seeblumen. Als Ursache davon wird folgende Begebenheit erzählt. Als eine slavische Armee zur Zeit der alten slavischen Könige einstmals an einen See kam und die Anführer berathschlagten, ob selbiger zu passiren sei oder nicht, soll sich einer von Adel und zwar ein Oberster zu Pferde herzhaft mit dem Rosse hineingewagt haben, glücklich hinübergekommen sein,

und nachdem er erforscht, wo man durchkommen könne, eine Seeblume, welche er während des Schwimmens seines Pferdes aufgehoben hatte, zurück mit ins Lager gebracht haben, worauf alle
einmüthig, insonderheit der König, nachdem die Armee glücklich
übergesetzt, dem Anweiser die Seeblume zum Wappen ertheilt.

Stubenberg, von.

Poetisch behandelt von Hesekiel, Wappensagen S. 282.

Die Stubenberge führen in ihrem
Wappen einen Anker in schwarzem Felde,
am Helmkamm aber eine Locke. Hierüber
wird folgende Sage berichtet. Es hat
einst ein Graf von Achsberg ein Fräulein geheirathet, welches sich früher mit
einem Junker Wülfing von Stubenberg
verlobt hatte. Als derselbe nun bei seiner
Rückkehr aus Italien seine Braut als die Gemahlin eines Anderen
fand, hat er zu ihr zu gelangen gesucht und von ihr Rechenschaft
für ihren Wortbruch gefordert, sie aber hat ihm gesagt, sie sei
von ihrem Vater gezwungen worden, ihrem jetzigen Gemahl ihre
Hand zu reichen und hat ihm seinen Schwur mit einem Kusse
zurückgegeben. Leider hat aber ihr Gemahl davon Kenntniss erhalten und weil er sie für treulos hielt, sie in einen tiefen Kerker
werfen, vorher aber ihr ihre blonden Haarflechten abschneiden
lassen und dem Stubenberg zugesendet, mit der höhnischen Botschaft, sich mit diesem goldenen Lohne zur Erinnerung an ihre
Schmach zu schmücken. Dieser aber hat dem Grafen von Achsberg abgesagt und ihn nach hartem Kampfe besiegt, worauf derselbe, zum Tode verwundet, voller Reue jenen selbst mit seiner
unschuldigen Gemahlin verlobt hat. Zur Erinnerung an dieses
Ereigniss führen die Stubenberge noch heute die Locke als
Helmzier.

Syburg, von.

S. Grässe, Sagenbuch des preuss. Staates. Bd. I. S. 703. Nr. 742.

Da wo die Stadt und Veste Syburg im Gebiete des Reichshofes Westhoven in Westphalen lag, hat früher ein Tempel mit der Irminsäule gestanden, die der Papst Leo I. zertrümmern, den Tempel umbauen und aus ihm eine Kirche zu Ehren der heiligen Jungfrau und St. Peters herstellen liess. Nun hat aber im damaligen Südergau zur Zeit Kaiser Karls d. Gr. eine reiche Edeldame gewohnt, die ist mit ihren Kindern und Leuten dem Kaiser behilflich gewesen, ein Wasserrad, durch welches die von ihm in der Veste Belagerten das Wasser hinaufzogen, zu vernichten, wodurch jene zur Uebergabe gezwungen wurden. Als Belohnung hat ihr der Kaiser die Burg nebst ansehnlichen Gütern zum Lohn gegeben und erlaubt, ein Rad auf ihrem Heerschild zu tragen, woraus nachgehens ihr Wappen geworden ist. Nach einer anderen Sage hätte ein Mann, Namens Syburg, bei der Eroberung des Schlosses Syburg Karl d. Gr. sehr tapfer beigestanden und sei deshalb von ihm deshalb zum Ritter geschlagen worden, weil er aber den Crodo und die Irminsäule, welche Götzenbilder hier gestanden, mit hätte zerstören helfen, habe ihm der Kaiser zum Andenken dieser That erlaubt, von Crodo das Rad und von der Irminsäule die Federn auf seinem Heerschilde zu tragen.

Trautenberg, von.

S. Illustr. Zeit. 1867. Nr. 1235.

Unter der Regierung des Böhmenherzogs Ulrich verirrten sich eines Tages in einem Walde zwei Knechte des Ritters Albrecht von Trautenberg und wurden, da sie eben über den einzuschlagenden Weg sich besprachen, durch das Geschrei von Raben und Krähen auf die Anwesenheit eines Lindwurms aufmerksam gemacht. Gesättigt von seinem Frasse, wovon noch Ueberreste umherlagen, überliess dieser sich einem behaglichen Schlummer. Seitwärts von ihm war eine Felsenhöhle, wohin er sich in der Nacht zurückzog. Albrecht von Trautenberg nahm sich nun vor, dem Drachen ein baldiges Ende zu bereiten. Man legte dem Ungeheuer Schlingen aus dicken Seilen und hielt Reisig mit trockenem Holz in Bereitschaft. Zuerst warf man dem Scheusal ein Paar Kälber hin, das eine frass es sogleich, aber nicht lange, so war es mit Hals, Füssen und dem Schweif in die Schlingen gerathen, die es jeder weiteren Bewegung beraubten. Dann trug man Reisig und Holz herzu, zündete es an und der Drache erstickte im Rauche. Der Ritter liess ihn ausweiden, mit trockenem Moos und Baumflechten ausstopfen und in dem Thurme zu Trautenberg aufhängen. Nicht lange darauf versammelte Herzog Ulrich alle mährischen Lehnsleute nach Brünn, Ritter Albrecht als Burggraf der Trautenberger Bürgerschaft beschloss, seinen ausgedörrten Drachen mitzunehmen und ihn dem Herzog zu verehren. Dieser nahm die Gabe wohlgefällig auf und liess den Lindwurm mittels dreier Ketten am Thore des Rathhauses aufhängen. Seit jener Zeit führen die Trautenberge alle den Drachen als Wappen, auf Kleinod wie in Siegeln.

Trautson von Falkenstein.

S. Sinapius. II. S. 262.

Dieses Geschlecht stammt von den edeln Herren von Matray in Tirol (um 1100) ab und hat sich in zwei Linien getheilt, deren eine sich von Matray genannt hat, während die andere aber den Namen Trautson erhielt, nachdem Peter Herr von Matray bei seinem Landesherrn, dem er Anfangs als Edelknabe diente, sich so beliebt gemacht hatte, dass ihm derselbe den Namen eines vertrauten Sohnes oder Trautsohnes beilegte.

Gross von Trockau.

S. Schöppner, Bairisches Sagenbuch. Bd. II. S. 159, nach Hoffmann, Annal. Bamberg. p. 61.

Als die Wenden unter Konrad dem Salier in Sachsen einfielen, sendete dieser den Grafen Günther von Schlüsselberg mit einem grossen Heere gegen sie. Als sich aber bald darauf beide Theile einander gegenüberstanden, trat aus dem Heere der Wenden ein grosser Krieger hervor und forderte den Grafen von Schlüsselberg zum Kampfe heraus. Nachdem dieser es angenommen hatte, suchte jener den Grafen durch List aus dem Sattel zu heben, allein dieser sah sich vor und es gelang ihm seinen Gegner durch einen tüchtigen Lanzenstoss vom Pferde zu stürzen. Hierauf stieg er vom Rosse und fing den Zweikampf zu Fuss an. Der Wende aber erhielt bald einen gefährlichen Stich in den Unterleib und stürzte zu Boden, bat auch den Grafen, ihm das Leben zu schenken, er wolle sich taufen lassen. Der Graf hob hierauf denselben auf und liess ihn in sein Zelt bringen und heilen. Dann wurde er in eine Kirche geführt und unter dem Namen Günther getauft. Hierauf nahm ihn der Graf Günther von Schlüsselberg mit nach Unterfranken und gab ihm jährlich hundert Goldgulden zu seinem Unterhalte. König Heinrich III., Konrads Nachfolger, aber gab ihm folgendes adelige Wappen. Als er gegen den Grafen von Schlüsselberg in den Zweikampf gegangen war, hatte er auf seinem Kopfe einen Helm mit Reiherfedern verziert getragen und am Arme einen blauen Schild, daher gab ihm der Kaiser einen Schild, der mit Weiss und Blau in die Länge getheilt war, darauf setzte er ihm einen offenen Helm und darauf zwei Büffelhörner, von denen das eine weiss, das andere blau war, jedes Horn von aussen mit vier Reiherfedern besteckt. Die weisse Farbe sollte das neu angenommene Christenthum, die blaue das vorige Heidenthum und die Hörner und Federn seine Tapferkeit anzeigen. Nachmals hat sich dieser Ritter, der Urahnherr der Gross von Trockau, auch im Kampfe gegen die Sarazenen her-

vorgethan und dem Herzog Gottfried von Bouillon in einer Schlacht
das Leben gerettet, daher ihm dieser noch einen rothen Querbalken
(oder rothe Binde) ins Wappen verlieh.

Trotha, von.

S. Grässe, Sagenbuch des preuss. Staates. Bd. I. S. 332.

In den Jahren 1466—1514 war Thilo ,von Trotha Bischof
von Merseburg, ein strenger, jähzorniger Mann, der sich zur Unter-
haltung einen Raben hielt. Einst kam ihm ein kostbarer Ring
weg, den er von seinem Busenfreunde, dem Bischof Gerhard von
Meissen, zum Geschenk erhalten hatte. Der Bischof hatte aber
einen alten Kammerdiener und einen jüngeren Leibjäger. Letzterer, der den ersteren hasste, hatte dem Raben die Worte „Hans
Dieb" gelehrt. Als nun der Bischof eifrig nach dem Ringe suchte
und ihn nicht finden konnte, rief auf einmal der Rabe' die Worte:
Hans Dieb, Hans Dieb! und der Bischof, der dies für eine Art
Gottesurtheil hielt, bezog dieselben auf seinen Kammerdiener
Johannes. Er liess ihn in Ketten werfen und als er nichts gestand,
foltern und endlich hinrichten. Nun trug es sich nicht lange hernach zu, dass bei einem heftigen Sturmwind das Nest des Raben
vom Thurme herabstürzte, da fanden sich mancherlei silberne und
goldene Kleinodien in demselben, darunter auch der Ring des
Bischofs. Das traf das harte Herz des Kirchenfürsten wie ein Blitz-
strahl und es ergriff ihn bittere Reue wegen seines Jähzornes, der
ihn zu so ungerechtem Urtheil verführt hatte. Er legte also sein
bisheriges Familienwappen ab und nahm ein neues an, d. h. er
setzte in das Schild einen Raben, der einen Ring im Schnabel hält
und oben auf der Krone erhoben sich als Helmkleinod zwei Arme
und Hände, die einen Ring fassen. Dieses Wappen liess der Bischof
überall, wo es nur anging, anbringen, im Schlosse, im Dome und
an Mauern und an vielen Häusern der Stadt, um durch dasselbe
stets an diese Unthat erinnert zu werden.

Tschammer, von.

S. Sinapius. I. S. 983. nach Okolski. T. II. p. 606.

Tschammer.

Biberstein.

Dieses alte Geschlecht leitet seinen Ursprung von dem Hause Biberstein, den Grafen von Biberstein in der Schweiz, her und hat sich nach Deutschland, um 1109 aber nach Polen und Schlesien gezogen. Sie führen im Wappen ein Hirschhorn nach folgender Begebenheit. Als König Boleslaus Chrobri in Polen nach erlangtem Siege wider die Polen und Preussen zurückkam, liess er den damals gerade bei ihm anwesenden Herren und Gästen seinen Thiergarten öffnen und zeigte ihnen verschiedene Arten wilder Thiere. Als nun einer dieses Geschlechtes von Biberstein auch zugegen war und von einem Büffelochsen angelaufen wurde, soll er vermöge seiner grossen Stärke ihn bei den Hörnern ergriffen und deren eins abgebrochen haben, worüber sich der König sammt allen Anwesenden verwundert und ihm zur Erinnerung an seine Tapferkeit das weisse Büffelhorn ins Wappen geschenkt hat. Von diesem Horn ist das Geschlecht nachmals die Rogalier, Rogaliesker genannt worden. Dasselbe Wappen führen auch die Herren von Zettwitz.

Tschirnhaus, von.

S. Sinapius. Th. I. S. 994.

Um 600 lebten in Böhmen zwei wackere Brüder, Host und Czernaw, am Hofe des Fürsten Czech. Diesen gefiel es nicht mehr in ihrem Vaterlande, sie wollten daher Urlaub nehmen und sich in die Länder gegen Mittag wenden. Allein ihr Fürst hielt sie zurück

und gab ihnen einen Strich Landes, darauf erbauten sie ein
schönes Haus, das Tschirnhaus genannt, das war so gross und
prächtig, dass im Jahre 678 eine grosse Menge edler Böhmen
dort zusammen kamen, um unter Herzog Krokus sich zu berathen,
wie und wohin sie eine feste Stadt bauen wollten. Von dem
Hause aber kommt ihr Name.

Tschirschky, von.

S. Sinapius. I. S. 1000. II. S. 396. Grässe, Sächs. Sagenschatz. Bd. II.
S. 115. Nr. 727.

Dieses Geschlecht stammt von einem
tapfern polnischen Krieger, Namens Wienawa
ab, welcher mitten in einem Walde auf einer
Anhöhe seine Wohnung hatte und sich in
Friedenszeiten vom Kohlenbrennen zu nähren
pflegte. Derselbe ward nun aber gewahr, dass
so oft er sich seine Nahrung zu suchen aus-
gehen musste, inzwischen ein wilder Büffel
in seine Wohnung eindrang und den vorhandenen Vorrath von
Lebensmitteln aufzehrte. Daher gab er endlich auf das Kommen
des Büffels Achtung, fasste ihn bei den Hörnern, zog ihm durch
die Nase einen jungen Ast und führte ihn so zum König, von
dem er auf Befragen, was er für eine Gnade verlange, nichts
anderes sich ausbat, als die Freiheit, in den Wäldern desselben
ungehindert Kohlen zu brennen; worauf ihm besagte Gegend als
Eigenthum geschenkt ward, und weil er dem Büffel auch mit
einem Hiebe den Kopf abgehauen, ist ihm der schwarze Büffelskopf mit einem Ringe in der Nase als Wappen, selbigen im goldenen Schilde und auf dem Helme zu führen, einverleibt worden.
Von seinen Nachkommen haben sich Einige Perssten oder Pernstein (so heisst nämlich in böhmischer Sprache ein Ring), Andere
Mankschitz, Andere Manowsky, Andere Woisky genannt, Andere
endlich Tschirschky, welches Wort aus Piersky verderbt ist und auf
das Perssten genannte Geschlecht zurückgreift.

Turn und Taxis, von.

S. Sinapius. II. S. 255.

Die Grafen und Fürsten von Turn und Taxis, französisch de la Tour et Taxis und italienisch de la Torre e Tassis, stammen von einem jungen Mailändischen Edelmann her, welchem der h. Ambrosius, Bischof daselbst, um 389 bei Dämpfung eines Aufruhrs der Arianer das sogenannte neue Thor anvertraut, und als er solches nebst dem dabei befindlichen Thurm männlich behauptet, ihm den Beinamen de la Tour und zugleich zur Belohnung seiner Treue die Souveränetät über Valsassine gegeben hatte. Von den Nachkommen desselben soll Taccius um 889 als Graf von Velsassine und Baron der Ufer am Komer See nur zwei Töchter und Erbinnen gehabt und solche an zwei Abkömmlinge Karls des Grossen, Aliprandus und Eriprandus, vermählt haben. Diesen Beinamen hat sich aber erst später ein gewisser Lamoral, der sich im Gebiete von Bergamo niederliess, entweder nach diesem Ahnherrn oder von dem Taxberge (Tasso) oder von den Dachsen, die daselbst hausten, und die er häufig gejagt haben soll, beigelegt. Daher stammt auch im untern Theile des Wappenschildes der fortschreitende weisse Dachs, aber das goldene Horn im Pfauenschweife über der Krone auf dem Helme ist kein Jäger-, sondern ein Posthorn, welches sich auf die Würde dieser Fürsten als frühere Reichspostmeister bezieht.

Ueberacker, von.

S. Salon. 1875. Nr. 12. S. 1439.

Die Grafen von Ueberacker, deren Stammschloss Ueberackern gegenüber von Burghausen am Ufer der Salzach liegt, haben ein Wappenschild mit vier Feldern; im ersten und vierten erblickt man ein sogenanntes Ort (einen erhöht gelegenen Acker) erhöht, im zweiten und dritten zwei halbe von einander gekehrte Räder. Es fuhr nämlich einst ein Ritter von Ueberacker von Mondsee

nach Sieghartstein. Als er vom Sommerholz herabkam, bemerkte
er noch zu rechter Zeit ein Paar Wegelagerer, welche auf ihn
warteten. Da sprang er aus dem Wagen und liess die Rosse da-
vonjagen. Er suchte seitwärts Schutz und verbarg sich in einem
dichten Haufen von Buchenlaub. Dadurch entkam er den Räubern
und nahm zur Erinnerung an jene Begebenheit die zwei Räder in
sein Wappen auf.

Uichtritz, von.

S. Sinapius. I. S. 1004.

Dieses alte Schlesische, Meissnische und
Lausitzer Geschlecht stammt von einem wendischen Ritter ab, der die ihm anvertraute
Festung, dazu er die Schlüssel gehabt, tapfer
gegen die Franken vertheidigte, und dafür zum
Zeichen der Treue zwei kreuzweise gelegte
goldene Schlüssel ins Wappen bekommen hatte.

Ungnad, von.

S. Peccenstein, Theatr. Saxon. I. S. 323.   Grässe, Sächs. Sagenschatz. Bd. I.
Nr. 247. S. 221.

Die Freiherren von Ungnad, welche
in Oesterreich heimisch sind, haben
früher die Herren von Weissenwolf geheissen, auch einen Wolf im Wappen
geführt. Nun hat es sich aber zugetragen, dass im Jahre 1186 in Kärnthen ein böser Raubritter, Turpin von
Schachenstein geheissen, auf einem
hohen Bergschlosse, der Schachenstein genannt, hauste, und die
ganze Umgegend durch seine Unthaten in Schrecken setzte. Darauf hat der damalige Landesherr von Kärnthen, Herzog Ulrich,
die Ritter Friedrich von Ehrenfels und Heinrich von Weissenwolf

mit vielem Kriegsvolk abgeschickt, um der Sache ein Ende zu machen. Dieselben haben auch, nachdem sie Jahr und Tag vor der Feste gelegen, endlich den Raubritter genöthigt, sich mit Hilfe eines unterirdischen Ganges aus derselben zu retten. Hierauf hat dann seine Frau, die zurückgeblieben war, auf jede Weise versucht, den von Weissenwolf zu veranlassen, abzuziehen, oder sie wenigstens im Schlosse zu belassen. Es ist ihr aber nur gelungen, für sich und ihr Gesinde freien Abzug zu erlangen. Darum hat sie denn heftige Klage geführt und über des Weissenwolfes Unbarmherzigkeit mit folgenden Worten geschrieen: „O Ungnade über alle Ungnade!" Diese ihre Worte sind nun aber dem Landesfürsten zu Ohren gekommen und derselbe hat zur Anerkennung der Tapferkeit des Weissenwolfes demselben den Beinamen von Ungnad beigelegt.

Unruh, von.

Poetisch behandelt von Hesekiel, Wappensagen. S. 296.

Einst hatte Herzog Eberhard von Franken einer schönen Müllerin auf der Jagd im Walde Gewalt angethan und diese sich aus Verzweiflung über die ihr widerfahrene Schmach im Main ertränkt. Als nun ihr Sohn Curt herangewachsen war, beschloss er sich an dem Herzog zu rächen, sammelte eine Anzahl von kühnen Männern um sich, sagte dem Herzog als freier Mann Fehde an und machte das ganze Frankenland unsicher, raubte auch eines Grafen Tochter und nöthigte sie, sein Weib zu werden. Da verklagte der Herzog den frechen Räuber beim Kaiser Otto, und es gelang den Leuten desselben, den Müller zu fangen. Er ward verurtheilt und in den Löwenzwinger geführt, um dort von demselben zerrissen zu werden, allein wunderbarer Weise liess sich der Löwe so von dem festen Blicke des Müllers schrecken, dass er sich wie ein Hund vor ihm niederlegte und jener unverwundet den Zwinger verlassen konnte. Dies hat den Kaiser so gerührt, der überdies seine Geschichte erfahren hatte, dass er ihm verzieh und sogar ein Fähnlein Reiter anvertraute, welches er gegen Eberhard, der sich mit Giselbert von Lothringen gegen den Kaiser empört hatte, führen sollte. Es gelang ihm auch, den Herzog zu tödten, und nun verlieh ihm der Kaiser aus Dankbarkeit ein adelig Wappen mit dem von ihm besiegten Löwen und gab ihm dazu auch den Namen Ohnruhe (woraus später Unruh ward), wie ihn seine Streitgenossen zum Scherz nannten, weil ihn die Reue für das, was er als Räuber verübte, unausgesetzt plagte. Später fügten zur Erinnerung an seinen früheren Stand seine Nachkommen noch den Mühlstein als Helmzier hinzu.

Usedom, von.

S. Temme, Sagen aus Pommern. S. 171.

Dieses alte pommersche Adelsgeschlecht führt seinen Namen von der kleinen Insel Usedom. Diese verdankt aber ihren Namen folgender Ursache. Einst lebte auf der Insel Wollin ein Fürst, der auch diese benachbarte Insel, die aber damals noch keinen Namen hatte, unter seine Botmässigkeit bringen wollte. Allein die Bewohner derselben wehrten sich so tapfer, dass es ihm nicht gelang. Nun bot er ihnen den Frieden unter billigen Bedingungen an, allein den wollten sie auch nicht annehmen und so rief er denn unwillig aus: „o wie dumm!" und davon hiessen die Inselbewohner anfangs Osodummer und dann Usedomer. Nach einer anderen Sage wären sie aber dadurch zu diesem Namen gekommen, dass, als sie einst zusammengekommen waren, um ihrer Insel einen Namen beizulegen, und ausgemacht hatten, sie solle nach dem ersten Worte, das einer von ihnen spräche, benannt werden, Keinem ein gutes Wort einfiel, und dann als sie Alle stumm blieben und Keiner ein Wort sprach, ein alter Mann ausrief: „o so dumm!"

Vitzthum, von.

S. Gauhen. Th. I. S. 1968. Falkenstein, Thüring. Chronik. I. 2. S. 414. 481.

Der Ursprung der Herren, Freiherren und Grafen von Vitzthum, in alten Schriften Vitzdom geheissen, wird hergeleitet von den Vice-dominis, welche nach Abgang der Könige von Thüringen anstatt des Kaisers die Regierung in den Händen hatten und zu Erfurt residirt haben. Ihr Stammgut heisst Eckstädt, Grenzort des Specialgaues Thüringen, und daher nennt sich auch noch ein Zweig dieser Familie: Vitzthum von Eckstädt.

Voss, von.

S. Gauhen. Th. I. S. 1995.

Diese alte mecklenburgische Familie hat eigentlich Fuchs geheissen, welcher im Plattdeutschen Voss heisst, und führt deshalb auch einen Fuchs im Wappen.

Waldburg, Truchsess von.

S. Gauhen. Th. I. S. 1921. Das Wappen ist besungen von Gaudy, Schildsagen. S. 51.

Ein Glied dieser alten schwäbischen Ritterfamilie begleitete den letzten der Hohenstaufen auf seinem unglücklichen Zuge nach Italien. Als Conradin bereits auf dem Schaffot stand (1268), übergab derselbe diesem treuen Diener seinen Ring und Handschuh, um sie als sein Vermächtniss dem König Peter III. von Aragonien zu bringen, womit er diesem

gleichzeitig das Recht an seine Krone und Besitzthum abtrat.
Dieser erlaubte zum Dank dem Grafen Truchsess das Wappen
des Herzogthums Schwaben, die drei Löwen übereinander, in das
erste und vierte Quartier seines Wappenschildes und als Helmzierde des ersten Helmes auf denselben zu setzen. Des Schildes
Haupt mit dem zweiten Helme führt die Familie wegen des Erb-
truchsessamtes, welches ihr nach dem Absterben der von Seldeneck
im sechszehnten Jahrhundert zufiel, die Namen auf dem ersten
Helme führen sie gemeinschaftlich mit den Grafen Althann als
Abkömmlinge der alten schwäbischen Grafen Thann, das dritte
Quartier mit dem vierten Helme wegen der 1463 erkauften Herrschaft Sonnenberg. Ihre gräfliche Würde ward im Jahre 1628
erneuert.

Waldströmer, von.
S. Gauhen. Th. II. S. 1895.

Diese Nürnbergische Patrizierfamilie
stammt von einem reichen Landmanne ab,
den der Kaiser Otto zur Vergeltung der
Sorgfalt, mit welcher er bei einem zu Nürnberg gehaltenen Reichstage seinen Hof mit
allem Nöthigen versah, mit der Zollfreiheit
im ganzen römischen Reiche, und nachdem
er ihn geadelt, mit dem Geschlechtsnamen
Strohmayer begnadigte. Derselbe ist nachmals in Waldstrohmayer
und dann in Waldströmer verändert worden. Letzterer Name
ist vermuthlich daher gekommen, dass Kaiser Heinrich II. dieses
Geschlecht mit dem Forstamt über die Nürnbergischen Reichs-
wälder beliehen hat.

Wedell, von.
Erste Sage.
Poetisch behandelt von Hesekiel, Wappensagen. S. 302.

Die Herren von Wedell führen als Wappenzeichen ein Mühlrad. Die Familiensage giebt als Grund dieses Wappens an, es sei einst ein Brandenburger Wendenkönig auf der Jagd an eine Mühle gekommen, und da habe seine Tochter, die ihn begleitete, um einen frischen Trunk gebeten. Den habe ihr ein Mühlknappe überreicht und sie sei unvorsichtig dabei dem Mühlrade zu nahe gekommen, von diesem gefasst und schon hineingezogen worden, da habe der Knappe mit eisernen Fäusten den Lauf des Rades aufgehalten und so die Prinzessin gerettet, freilich aber seine Hände dabei verloren. Der König habe jedoch aus Dankbarkeit ihn geadelt, das Mühlrad ihm als Wappenzeichen verliehen und ihm seine Tochter zur Gemahlin gegeben. Von diesem Stamm ohne Hand stammen die Wedell's in der Mark ab.

Wedell, von.
Zweite Sage.
S. Sinapius. I. S. 1025.

Dieses alte Geschlecht, welches sich schon im Jahre 926 in Brandenburg niederliess, soll vom Kaiser Vitellius abstammen und seinen Namen führen. Wahrscheinlich aber erhielt der Urahnherr desselben seinen Namen daher, weil er zu Karls des Grossen Zeiten den zu Salzwedel aufgestellten Abgott Wedel zerstörte. Dieser stellte aber einen Mann vor, der mit beiden Händen vor der Brust ein Rad hielt und einen breiten strahlenförmigen Schein um den Kopf der Sonne zu Ehren hatte. Darum führen die Herren von Wedell auch im Wappen im gelben Schilde ein schwarzes Mühlrad, doch ist im Rade weder Speiche noch Lauf, statt dessen aber ein Mannsbild ohne Füsse und Arme, dessen Kleidung und Hut auf der Vorderseite roth, auf der hintern aber schwarz ist. Auf dem Helme ist dasselbe Mannsbild, aber ohne Rad.

Werder, von.

Poetisch behandelt von Hesekiel, Wappensagen. S. 304.

Die Herren von Werder, die ihren Namen vom Merseburger Werder erhalten haben, waren ursprünglich Heiden; als aber Karl der Grosse die Sachsen schlug, liessen sie sich taufen und erhielten von diesem als Wappen drei Lilien auf blauem Felde, welche Lanzenspitzen bedeuteten und ihre Ritterschaft bezeichnen sollten, sieben Sterne aber mit Beziehung auf die sieben Cardinaltugenden, welche sie als Christen zu bewahren hatten.

Werningerode, von.

S. Lucä, Deutscher Grafensaal. S. 720.

Das Wappen der Grafen zu Werningerode bestand in einem silbernen Schilde, worin zwei rothe Forellen mit umgekehrten Köpfen und Schwänzen abgebildet waren. Die Ursache dieses Zeichens war die, dass Kaiser Heinrich I., als er die Stadt Goslar baute, den in der Nähe wohnenden Grafen neue Aemter verlieh. So machte er den Grafen zu Spiegelberg zum Jägermeister und dem Grafen zu Werningerode gab er den Titel des kaiserlichen Fischers, weshalb er sie auch mit einem auf ihre Aemter bezüglichen Wappen begnadigte.

Wettin, die Grafen von und das Haus Sachsen.

S. Grässe, Sächs. Sagenschatz. Bd. I. S. 1. Nr. 1. (nach Crantz. Saxon. V. 26. IX. 19.) und S. 98. Nr. 107. Bechstein, Mythe, Sage etc. Bd. II. S. 171 fg.

Als der Herzog Bernhard I., Sohn Albrechts des Bären, von Ascanien durch Kaiser Friedrich I. mit dem Herzogthum Sachsen, welches Heinrich der Löwe, nachdem er in die Acht erklärt worden war, verloren hatte, belehnt ward, soll er den Kaiser um ein Unterscheidungszeichen seines Wappens gebeten haben. Da warf dieser, der eben statt der Krone der grossen Sonnenhitze wegen einen Rautenkranz auf dem Haupte trug, diesen schräg

12*

über Bernhards Schild als sein künftiges Wappenzeichen.*) Eine andere Sage aber berichtet, Herzog Bernhard habe auf der Heimkehr von einer Pilgerfahrt zu Venedig, da ihm sein Geld ausgegangen war, um sein Leben zu fristen, bei einem reichen Handelsherrn in Dienst treten müssen und hier ein Liebesverhältniss mit der schönen Tochter desselben angeknüpft; als er nun fortgezogen, habe sie ihm zum Abschied einen grünen Kranz verehrt, den habe er in zwei Hälften zertrennt, die eine davon über sein Schild gehängt, die andere aber ihr als Andenken zurückgegeben. Als er nun nach seiner Rückkehr in sein Vaterland ihr sein Wort, sie zu ehelichen, nicht halten konnte, nahm er wenigstens ihr zu Ehren den Kranz in sein Wappen. Die Kurschwerter im Wappen erhielt Friedrich der Streitbare vom Kaiser Sigismund mit der Kurwürde, welche durch zwei über einander liegende Schwerter angedeutet wird, allerdings nur für diesen Kurfürsten, weil der sächsische Kurfürst zugleich das Amt des Reichsoberhofmarschalls und Reichsgeneralfeldmarschalls bekleidete. Nach einem alten Reime aber „zwei Schwert das Marschallamt bedeuten, die wendischen Heiden auszureuten".

Nach einer andern Sage soll übrigens der Rautenkranz im sächsischen Wappen einer Galanterie des Herzogs Albrecht II. von Ascanien gegen seine Gemahlin Agnes, Tochter Kaiser Rudolphs von Habsburg, entstammen. Sie trug den Kranz in ihrem schönen Haar und ihr Gemahl hatte die Aufmerksamkeit, denselben in sein Wappen aufzunehmen.**) Den Rautenkranz führt auch die thüringische Adelsfamilie· von Wegeleben.

---

*) Das ascanische und sächsische Herzogsschild hat fünf schwarze Balken im rothen Felde, nicht aber, wie gewöhnlich falsch angegeben wird, fünf schwarze und fünf goldene Striche.

**) Nach der Behauptung von A. L. S. Michelsen — Ueber die Ehrenstücke und den Rautenkranz als historische Probleme der Heraldik. Jena, 1854. in 4°. — war jedoch besagter Kranz nicht von der Garten- oder Weinraute, sondern ein Geflecht von Ruthen, Dornen, folglich eine Dornenkrone und zwar die Dornenkrone Christi, geflochten aus dem Laube der Stechpalme (ilex aquifolium), von der eine alte Sage gehe, dass mit diesem Gezweige der Herr gekrönt sei, daher auch das Bäumchen noch im Winter als immergrüne Palme die Wälder schmücke.

Weydlich, von.

S. Bernd, Hauptstücke der Wappenwissenschaft. Bd. II. S. 70.

Diese Familie führt einen Kanonenlauf und einen Blumenstock mit drei Rosen in ihrem Wappen und denselben Blumenstock auch als Helmzierde. Dieses Wappen nebst einer Commandanten-stelle in Tirol erhielt der Ahnherr dieser Familie darum, weil er, der im Jahre 1707 im kaiserlichen Heere diente, nachdem das-selbe die Stadt Mailand eingenommen hatte und dann die von den Franzosen noch besetzte und hartnäckig vertheidigte Beifeste hart bedrängte, wie er als Bombardier einst diese Festung sorg-fältig beobachtete, an einem gewissen Punkte einen Vornehmen unter den Belagerten gewahr wurde, der durch ein Fernrohr das österreichische Lager beschaute. Er richtete alsbald seine Kanone auf diesen Punkt, gab Feuer und es gelang ihm, den Franzosen zu tödten. Da durch dessen Tod die Franzosen zur Kapitulation veranlasst wurden, erhielt er zur Belohnung den Adel und obge-dachtes Wappen.

Woitmole, Weytmille oder Weitmüller, von.

S. Sinapius. I. S. 1038; nach Hayeck, Böhm. Chronik. S. 238.

Im Jahre 1081 gebar eine Frau Namens Protislawa, des Dobrohosten, welcher insgemein der Weithmiller genannt ward, Eheweib im Dorfe Radoschow, nicht weit vom Wischerad, einen Sohn, über eine Weile den andern, bald den dritten, und so fort bis auf den neunten. Die zwei alten Weiber, welche bei dieser Geburt zugegen waren, meinten nicht anders, als dies käme von zwei Zauberinnen her, die neulich vor dem Wischerad verbrannt worden waren, nahmen also die kleinen Kinder, welche wirklich ausserordentlich klein waren, legten sie in eine Schachtel (böh-misch Krabicze), um selbige an einem heimlichen Orte zu ver-graben. Indem begegnet ihnen der Vater Dobrohost, welcher von seinem Fürsten und Herzoge Wratislaw von Wischerad heimritt und nachdem sie ihm seiner Frau Frucht hatten zeigen müssen, liess er solche wieder nach Hause tragen und nähren. Allesammt erlangten die Taufe, drei starben klein, die andern sechs erreichten ein männliches Alter, und von diesen sechs des Dobrohost Söhnen stammen die edlen Ritter von Weitmüller her, deren etliche die Krabiczen geheissen, die (wiewohl sie alle klein von Person gewesen) ihres frommen Vaters, auch ihrer eigenen Eigenschaften wegen von den böhmischen Herzögen mit besonderen Gnadenbezeugungen ausgezeichnet worden sind. Sie führen im Schilde nach ihrem Namen einen weissen Mühlstein und auf dem Helme einen gekrönten Mühlstein in einem grünen Pfauenschwanze.*)

Wrbna, von.
S. Hormayr, Taschenbuch. 1823. S 255 fg.

Der Urahnherr dieses alten österreichischen Adelsgeschlechtes war ein gewisser Werboslaw, der in den Kriegen wider Frankreich um die Abhängigkeit Lothringens tapfer gegen den König des letztgedachten Landes kämpfte. Dieser soll nun dem gefürchteten Gegner nach der Weise ritterlicher Tafelrunde durch Wortesgruss und Handschlag den Brudernamen beigelegt, Tisch und Becher

---

*) Dieselbe Geschichte erzählt Okolski T. I. p. 511. von der Familie Kassuba, welche im Schilde einen Mühlstein, auf dem gekrönten Helme aber acht Hundsköpfe führt. Vor Zeiten gebar eine schlesische Bäuerin drei Knaben auf einmal. Die Grundherrin fasste dies als Folge von Ehebruch auf und warf ihr solchen vor; jene aber rief Gott als Zeugen ihrer Unschuld an. Bald darauf gebar die Edelfrau neun Knaben auf einmal; erschreckt hiess sie die Hebamme, acht davon in einem Flusse ersäufen. Dieselbe trug sie auch fort, begegnete aber unterwegs dem Gatten der Dame. Auf sein Befragen, was sie da trage, antwortete sie: „junge Hunde, welche ersäuft werden sollen.“ Er verlangte selbige aber zu sehen, und als jene sich weigerte, öffnete er den Korb, in welchem sie lagen, und erblickte die kleinen Kinder. Nun gestand ab die Alte; der Ritter legte ihr Stillschweigen auf, nahm ihr die Knaben ab und gab sie einem Müller, um sie gross zu ziehen. Als dieselben herangewachsen waren, führte er sie denn auch seiner Gemahlin zu und warf ihr ihr Verbrechen vor. Dem Müller aber verlieh er den Adel und das erwähnte Wappen. Eine fast gleiche Erzählung von der Gemahlin des Grafen Isenhart Herrn zu Altorf, Irmentrudis, vom Jahre 780 befindet sich bei Hübner, Historische Fragen. Bd. VI. S. 133 fg. und ebenso von dem niedersächsischen Geschlechte der Welfen bei Sinapius. Bd. I. S. 479 fg. und oben Art. Hund (S. 69).

mit ihm getheilt, der Kaiser ihm drei Lilien (nach Andern Bienen) in seines Wappenschildes Obertheil gesetzt und der französische König noch drei weitere Lilien in den untern Theil hinzugefügt haben. Als der Trotz der Römer gebrochen wurde, durchschoss Werboslaw mit seinem gewaltigen Wurfpfeil ihren Kriegsfürsten aus dem Geschlechte der Colonna. Darum setzte Kaiser Otto I. der Grosse die vom Pfeil durchschossene Säule (columna, Colonna) auf Werboslaws kriegerischen Helm. Zu Anfange des zwölften Jahrhunderts (1214) kommt dann der Name Wrbna nach dem Schlosse Würben im Schweidnitzer Fürstenthume, von ihnen der nunmehr aufgehobenen Cisterzienser Abtei Grissau vergabt vor.

Wrechem oder Wrochem, von.
Poetisch und allegorisch ausgeführt von Gaudy, Schildsagen. S. 4 fg.

Das Wappen der Familie von Wrechem führt im Schilde einen Strom und über und unter demselben drei Rosen, oben zwei, unten eine, und einen Schwan über dem Helm stehend. Man sagt, der Ahnherr dieses Geschlechts sei einst als Kind von einer Nixe, die als Schwan ihn verlockt, in ihren unterirdischen Palast entführt worden, habe denselben aber später vor Sehnsucht nach der Heimath wieder verlassen und die drei Rosen, welche jene ihm als unvergängliche Erinnerungsgabe zum Andenken und, so lange er sie bewahren werde, zum Palladium des von ihm zu gründenden Geschlechtes gegeben, in sein Wappen aufgenommen, Schwan und Strom beziehen sich auf seinen Aufenthalt unter dem Wasser und auf die Gestalt, unter welcher ihm die Nixe erschienen war.

Wrschowetz, von.
S. Sinapius. I. S. 274.

Diese gräfliche Familie ist im Jahre 644 mit dem Herzog Czech, ihrem Blutsfreunde, aus Croatien nach Böhmen gekommen, hat aber eben deshalb nach der Krone gestrebt, und weil man sie nach Absterben des männlichen Zweiges des Czech um 700 überging, haben sie sich bemüht, die Nachkommen desselben überhaupt zu vertilgen oder doch Böhmen in die Hand von Polen zu bringen, weshalb sie genöthigt wurden, dieses Land zu verlassen und sich nach Polen zu begeben. Sie führten im Wappen eine Fischreuse, die auf Böhmisch wrsch heisst, und haben darnach ihr 730 erbautes Schloss und sich selbst genannt. In Polen bekamen sie den Beinamen **Axa** oder Okscha und vermehrten sich so, dass über zwanzig Familien von ihnen ihren Ursprung herleiten. Ihr Wappen daselbst ist im rothen Schilde ein weisses Beil und auf dem Helme eine Krone, darüber dieselbe Axt, die mit ihrer Spitze in die Krone dringt. Diese Axt haben sie in Polen seit dem Jahre 1109 erhalten, wo der böhmische Herzog Swatopluk dem Kaiser Heinrich V. gegen den polnischen König Swatopluk III. half und die Armee desselben vor Grossglogau in Schlesien stand. Da schoss Johannes Wrschowetz, des Tisza Sohn, der mit dem König Boleslas ins Feld gezogen war, dem Herzog Swatopluk einen Pfeil durchs Herz und vertheidigte sich gegen seine Verfolger mit dem Spiess und der Axt, daher er von dem Könige mehrere Güter in Polen und die Axt ins Wappen erhielt. Nachdem aber zu des Böhmischen Herzogs Friderichs Zeiten Ratibor Wrschowetz durch seine Tapferkeit ganz Mähren unter böhmischen Gehorsam erhalten, ward er nebst seinem ganzen Geschlechte wieder mit demselben ausgesöhnt, welches sich darauf wieder nach Böhmen wandte und diesem Königreiche vortreffliche Dienste leistete, auch von dem oben erwähnten Wappen der Axt sich den Namen Sakerka beilegte, weil Sakerka eine kleine Axt bedeutet.

Würtemberg.

S. Westermann, Illustr. Monatsh. 1867. Nr. 132. S. 592 fg.

In dem würtembergischen Wappen ist es auffallend, dass die rechte Tatze des schildhaltenden Löwen, sowie dasselbe Glied an

den im linken Halbfelde erscheinenden drei schwarzen Hohenstaufischen Löwen roth ist. Hierüber wird folgende Sage berichtet.

Als Conradin von Schwaben Abschied von seiner Mutter zu
Hohenschwangau genommen hatte und nach Italien gezogen war,
behielt dieselbe seinen Lieblingslöwen, mit dem er aufgewachsen
war und den ihm ein Schah von Persien zum Spiel gesendet
hatte, auf ihrem Schlosse zu Ravensberg zurück. Nachdem lange
Zeit keine Botschaft von Conradin angelangt war, kam eines Tages der Löwe aus dem Schlosshofe mit blutiger Tatze zurück und
winselte sehr. Da der Löwe zuthulich wie ein Hund war, wunderte sich Jedermann. Niemand aber vermochte die Ursache der
blutigen Vordertatze zu erklären. Eine Woche nachher kam ein
Eilbote und brachte die traurige Nachricht von dem schrecklichen
Ende des letzten Hohenstaufen in Neapel. Conradin hatte an
demselben Tage und zur selbigen Stunde sein Blut auf dem
Schaffot verspritzt, als der Löwe aus dem Schlossgarten sich jammernd einfand. Zum steten Gedächtniss erhielt von dieser Zeit
an jeder der drei schwarzen Löwen im Hohenstaufischen Wappen
je eine blutige Vordertatze. Würtemberg nahm dann als Erbe
der Hohenstaufischen Güter das Wappen dieser Familie in das
seine auf. Der schildhaltende schwarze Löwe im Wappen des
Königreichs Würtemberg hat in Uebereinstimmung mit dem Wappenschilde dieses Landes ebenfalls eine rothe Vorderpranke.

Würtz und Burg, von.

S. Sinapius. I. S. 215 fg.

Das Stammhaus dieses adeligen Geschlechtes, die Burg genannt, liegt im Kölnischen.
Sie führen als Wappen ein goldenes Schild,
darin zwei rothe aufrechtstehende Balken; auf
dem Helme befindet sich ein knieender, beten-
der Engel, dessen Flügel golden sind, die

Kleidung ist mit blutrothen und goldenen herabgehenden Balken gestreift, auf seiner Stirne aber ist ein stehendes goldenes Kreuz zu sehen. Der Ursprung ihres Namens, Wappens und Herkommens ist folgender.

Als Kaiser Karl der Grosse nach seiner zu Rom am heiligen Christfeste vollzogenen Krönung mit seinem Hofstaate sich nach Aachen begeben hatte und deshalb viele Fremde dahin gereist waren, hielt im genannten festen Schlosse, die Burg genannt, im Kölnischen auf der Strasse gegen Aachen gelegen, sich eine Schaar zusammengelaufenes Volk auf, welches zwar Tag und Nacht das Thor der Burg offen stehen liess, heimlich aber dasselbe so besetzt hielt, dass wenn aus Unkenntniss Jemand da einkehrte, selbiger ausgeplündert und ermordet ward, so auch die dorthin ausgeschickten Parteien von Kriegsvolk, so durch das offenstehende Thor und halb aufgezogene Schutzgitter bereits eingedrungen waren, gegen sie nichts auszurichten vermochten. Solchem Unheil vorzubeugen, liess Kaiser Karl bei Hofe bekannt machen, dass wer dieses Raubnest, die Burg, einnehmen und die darin sich aufhaltenden bösen Ritter vertilgen werde, selbigem sollte dieser Ort mit allen königlichen Freiheiten geschenkt sein. Worauf sich 24 damals in des Kaisers Kriegsdiensten gestandene Edle dazu resolvirt haben, die als sie sich dem Kaiser zeigen wollten und er unter der Menge der Herumstehenden gefragt, wer denn diejenigen unter diesem Volke wären, haben sie sich von den andern separirt und insgesammt, ohne Benennung eines jeden Geschlechtes Namen geschrieen: Wir, oder Wür. Als nun der Kaiser ihre Herzhaftigkeit gelobt, ist ihnen vermeldet worden, sie sollten in Gottes Namen gehen, das heilige Kreuz vor Augen haben, das würde ihnen helfen und der heilige Engel sie begleiten. Sie verfügen sich wohl armirt dorthin, finden aber keine Möglichkeit, durch das zwar offene, aber stark bewachte Thor in die um und um fest gemauerte Burg zu dringen, daher sie ganz traurig unverrichteter Sache schon zurückkehren wollten. Da erblicken sie oben auf dem Dache des Rondels der Burg einen Engel, der ein feuriges Kreuz auf der Brust hatte, auf den Knieen lag und gleichsam betend gegen den Himmel das Gesicht und die Hände, den Rücken nach dem Thor und das Gesicht gegen die äussere Seite der Burg wendete, worüber sie sich sehr verwundernd auf den Gedanken kamen, ob nicht dieses ein göttliches Anzeichen sein möchte, dass vielleicht von rückwärts der Ort zu erobern sei. Worauf sie dann unvermerkt die Gelegenheit ausgeführt und daselbst zwei ungemein hohe Balken angetroffen haben, die sie gleich in die Höhe gehoben und sich darüber hineinpracticirt, den Ort erobert und Alles erlegt haben, aber erst nach grausamem Widerstande, so dass die Burg voller Blutlachen war und von den 24 nur 2 übrig blieben, die als Ueberwinder zum Kaiser zurückkehrten und Alles umständlich erzählten. Als nun unter dem anwesenden Volke der Kaiser die 24 Edeln nicht bemerkte, fragte er, wo diese beherzten Leute wären, da schrieen sie abermals: „Hier sind wir, allergnädigster Kaiser!" und weil ihrer nur zwei gewesen, verwunderte er sich, schenkte ihnen sothane Burg und alle königlichen Regalien, mithin auch den Namen zu führen: Wir, Wür zu Burg, nebst dem Wappen, welches oben beschrieben worden ist. Nachmals konnten die Descendenten von den zwei Besitzern dieser Burg sich nicht zusammen vertragen, daher gelooset ward, wer von ihnen den Ort allein haben sollte, worüber denn auch der Name Würtz und Burg an die Ritter vertheilt ward, also dass diejenigen, so die Burg damals nicht behielten, den Namen Würtz und die andern den von Burg annehmen mussten, wie sie denn auch bis zum Jahre 1668 immerfort mit weggelassenem Würtz sich von Burg nannten. Nach ihrem Absterben ist diese Burg der Würtzischen Linie anheim gefallen und hat diese auch beide Namen wieder zusammen zu bringen beschlossen, allein gleichwohl hat man doch diese nach und nach von Feind und Freund ruinirte Burg im Jahre 1689 verkauft und somit auch die Erklärung des Geschlechtsnamens aus den Händen gegeben.

Wurmbrand, von.

S. Hormayr, Taschenbuch. 1827. S. 7 fg.

Dieses steiermärkische Rittergeschlecht soll seinen Namen davon haben, dass sein Ahnherr einen Drachen mit einem Feuerbrande tödtete. Bereits führte im J. 1130 einer seiner Nachkommen, ein Otto von Wurmberg, im goldenen Felde seines Wappens einen schwarzen Basilisken oder Drachen mit ausgebreiteten Flügeln auf einem grünen Hügel sitzend. Dieser Ritter hatte zwei Söhne, Konrad und Leopold, von denen der letztere in etwas seinen Namen und sein Wappen änderte, indem er den schwarzen Drachen beibehielt, ihn aber ins silberne Feld stellte und ihm in den Schnabel einen Brand steckte, der von beiden Seiten loderte, sich auch von dem Wurme und dem Brande den Wurmbrand nannte.

Zähringen.

S. Schönhuth, Die Burgen Badens und der Pfalz. Bd. II. S. 320 fg.

Nach der alten Sage sind die Vorfahren der Herzöge von Zähringen vor Zeiten Köhler gewesen und haben ihre Wohnung im Gebirge gehabt und dort Kohlen gebrannt. Nun hat es sich aber begeben, dass ein solcher Köhler an einem gewissen Orte im Walde Holz geschlagen, den Haufen mit Grund und Boden bedeckt und solchen ausgebrannt hat. Da er nun den Boden wegräumte, fand er im Boden eine schwere geschmolzene Masse und da er sie genau besichtigte, ist es gutes Silber gewesen. Er hat also fürder immerdar an gedachtem Orte Kohlen gebrannt, diese wieder mit derselben Erde bedeckt und abermals Silber gefunden, woraus er abgenommen, dass es von dem Berge herkomme. Solches hat er auch bei sich behalten und einen grossen Schatz Silber zusammengebracht. Nun hat es sich in dieser Zeit begeben, dass ein deutscher Kaiser vom Throne gestürzt ward, der auf den Berg im Breisgau, der von ihm der Kaiserstuhl genannt ward, mit Weib und Kindern und allem seinem Gesinde geflohen ist und daselbst viel Noth gelitten mit den Seinen, auch deshalb bittere Zähren vergossen hat. Da liess er ausrufen, wer ihm helfen werde, dass er wieder zu seinem Reiche kommen möchte, dem wolle er eine Tochter zur Ehe geben und ihn zum Herzog machen. Als das der Köhler vernahm, verfügte er sich mit einigen Bürden Silber zum Kaiser und begehrte von ihm, dass er ihm seine Tochter gebe und dazu die Gegend umher, so wolle er ihm einen solchen Schatz von Silber überliefern, dass er damit sein Reich wieder erobern könne. Der Kaiser willigte allsogleich ein, nahm den Köhler zum Sohne an, gab ihm seine Tochter und das Land dazu, so er begehrt hatte. Nun hob derselbe erst recht an, Erz zu schmelzen, baute von dem Gute Dorf und Schloss Zähringen und sein Schwiegervater machte ihn zum Herzog von Zähringen, zum Andenken, dass er durch dessen Beihilfe in der Noth seine Zähren wieder getrocknet habe.

Zedlitz, von.
Erste Sage.
S. Sinapius. I. S. 1046.

Dieses Geschlecht ist slavischer oder wendischer Abkunft und ihr Wappen zeugt von der Heldenthat ihres Urahnherrn, dem, weil er im Treffen so tapfer gefochten, dass ihm der Dorn in der Schnalle am Degengurt zersprungen, zu dessen Angedenken die silberne Schnalle mit dem zerbrochenen Dorne ins Wappenschild gesetzt worden ist. Bei dem Einfalle der Wenden in die Lausitz im Jahre 965 haben Wenceslaus von Zedlitz und Hans von Nostitz, die zwei Schwestern geehelicht hatten, für ihre hier bewiesene Tapferkeit die Erlaubniss erhalten, einen beliebigen Ort zur Erbauung eines Rittersitzes sich auswählen zu dürfen.

Zedlitz, von.
Zweite Sage.
S. Illustr. Zeit. 1868. Nr. 1284.

Die Freiherren und Grafen von Zedlitz führen in Roth eine silberne Schwertriemenschnalle mit gebrochenem Dorn. Hierüber erzählt man Folgendes. Bei der Belagerung von Wien im Jahre 1529 soll ein auf Recognoscirung ausgeschickter Fahnenjunker von Zedlitz gefangen genommen worden sein. Derselbe war vom Kopf bis zum Fusse in blanken Stahl geharnischt, der Grossvezir Ibrahim erstaunt, mit welcher Leichtigkeit dieser gleichwohl Lanze und Schwert handhabte, befahl einem seiner Leute, ihm die Rüstung abzunehmen; als dies aber keiner vermochte, zeigte Zedlitz, nachdem ihm sein Leben zugesichert worden war, zwei Schrauben, welche den Harnisch zusammenhielten. Der Grossvezier, welcher sehr viel Gefallen an dem gewandten Ritter fand, schenkte ihm nach 21 Tagen die Freiheit. Zedlitz kehrte nach Wien zurück und setzte die Schnalle in sein Wappen.

Zegotha, von.
S. Gauhen. Th. I. S. 2213.

Diese mährische Familie stammt von den Freiherren von Kitlitz ab und ist mit den Herren von Czygan gleichen Standes, und weil sie im Wappen drei Kizki, d. i. auf Böhmisch drei gelbe Schlingen führt, soll sie sich auch Kitzschker genannt haben. Einer aus dieser Familie, Johannes mit dem Beinamen Slupska, ein Kriegsoberster des Königs Matthias von Ungarn, hat im J. 1460 mit Hilfe zweier Regimenter Zigeuner einen grossen Sieg erfochten. Als er nun wieder aus der Schlacht zurückkehrte, sprach der König würdig zu ihm: „adesdum Zigane, bist Du wieder da, Du Zigeuner!" Davon hat er den Namen Zygan bekommen und Gelegenheit zu dem Geschlechte der Herren von Czygan, das er gegründet hat, gegeben.

Zehmen, von.

S. Gauhen Th. I. S. 2213.

Diese alte meissnische Familie leitet ihren Ursprung von einem gewissen Andreas, einem tapfern Krieger her, der des Kaisers Heinrichs II. Feinde, die Griechen, Italiener etc. im Jahre 1003 gezähmet, d. h. gedemüthigt haben soll und davon vom Kaiser den Namen Zehmen bekam. Nach andern Quellen rührt ihr Name aber von dem von ihnen bis zum Jahre 1596 im Besitz gehabten Rittergute Zehmen im Leipziger Kreise her.

Zierotin, von.

S Hormayr, Taschenbuch. 1820. S. 163.

Das alte Geschlecht der Zierotine in Böhmen stammt von Oleg ab, der seinen Sohn vor dem Blutbade unter den Söhnen Swätoslaws durch Polen in das ferne Böhmen flüchtete und die erlauchte Abkunft und das traurige Geschick unter dem unbekannten Schilde des schwarzen Löwen und dem klagenden Namen „Waise" (davon Zierotin) verbarg.

Ziethen, von.

S. Kuhn. Märkische Sagen. S. 155.

Bei Wildberg in der Grafschaft Ruppin, die ehemals eine Stadt gewesen sein soll, liegt hart an der Temnitz in der Wiese ein Hügel, um den dieses kleine Flüsschen früher herumgeleitet worden ist, so dass er dadurch zu einem befestigten Platze ward. Dieser Hügel heisst der Schlossberg, und es soll hier ein Schloss des Grafen von Ruppin gestanden haben. Hier wurde derselbe einmal von einem überlegenen feindlichen Heere belagert und wurde bald so muthlos, dass er sich ergeben wollte. Bei dem

Rathe, den er aber noch zum letzten Male deshalb hielt, war auch sein Koch zugegen, der ihm aber tüchtig Muth zusprach und ihm rieth, er solle doch noch einen Ausfall wagen, und wenn er, der Graf, nicht selber mitziehen könne, so wolle er die Reisigen anführen, er sei überzeugt, sie würden die Feinde besiegen. Der Graf glaubte zwar nicht an einen solchen Erfolg, indess wollte er das Letzte noch wagen und gab dem Koch die Erlaubniss zum Ausfall mit den Worten: „Zieht hin!" Da ging derselbe mit seiner Mannschaft muthig auf den Feind, der bei Lüchfeld stand, los, und in wenigen Stunden hatte er die Schlacht gewonnen und kehrte triumphirend in die Burg zurück. Da schlug der Graf aus Dankbarkeit seinen treuen Koch zum Ritter und gab ihm wegen der Worte, mit denen er ihn entlassen, den Namen Ziethen, und gebot ihm, fortan als ein Zeichen seines ehemaligen Standes einen Kesselhaken im Wappen zu führen.

Während des Druckes sind mir noch einige Zusätze zu den Quellenangaben zugekommen, die ich der Vollständigkeit wegen beifüge:

Art.	Bienewitz	füge hinzu:	S.	Illustrirte Zeit.	1866.	Nr.	1266.
„	Boskowitz	„	„	„	„	1867.	„	1243.
„	Brabantsky	„	„	„	„	1866.	„	1266.
„	Bülow	„	„	Salon	1875.	„	12. S. 1433.
„	Chamare	„	„	Illustrirte Zeit.	1868.	„	1314.
„	Clossen	„	„	„	„	1867.	„	1245.
„	Czernin	„	„	„	„	1868.	„	1299.
„	Franckenberg	„	„	„	„	1868.	„	1307.
„	Glaubitz	„	„	„	„	1866.	„	1219.
„	Hardenberg	„	„	„	„	1868.	„	1314.

Berichtigung.

S. 60: Die Ueberschrift des Artikels „Heinewald" ist in „Han(i)wald" zu ändern.

DRUCK VON JOHANNES PFEILER, DRESDEN, AM CLAUSPLATZ 6.

Guide de l'amateur
de Porcelaines et de Poteries

ou Collection complète des marques de fabriques de porcelaines
et de poteries de l'Europe et de l'Asie

par Dr. J. G. Théodore Graesse,

Directeur ad interim du Musée japonais, Directeur du Gruene Gewoelbe à Dresde,
Conseiller aulique etc. etc.

Cinquième Edition revue, considérablement augmentée et contenant
la seule collection complète des marques du Vieux-Saxe.

8. VIII, 161 S. eleg. geh. 4 M. 50 Pf.

Die „Wissenschaftl. Beilage der Leipz. Zeitung" 1875. Nr. 5 sagt
darüber in einem längeren Referate u. A.:

„Schon der Umstand, dass seit dem ersten Erscheinen dieser kunsthistorischen
Sammlung im J. 1864 fünf Auflagen derselben, von denen die vierte in nicht weniger
denn 1500 Ex. abgezogen war, nöthig wurden, würde hinlänglich für die wissenschaft-
liche und praktische Bedeutung dieses Werkes sprechen und vollkommen zur Empfehlung
desselben genügen, wenn es uns blos darauf ankäme, das praktische Verdienst darzulegen,
das sich der Verf. durch dies ebenso durch seine möglichste Vollständigkeit — (wie sie
eben nur dem Verf. bei seiner eminenten Arbeitskraft und seiner langjährigen Erfahrung,
die ihn unbedingt an die Spitze aller historischen Kenner der keramischen Künste stellt,
möglich war) — wie durch seine kritische Genauigkeit ausgezeichnete Werk erworben
hat. Allein das Buch hat ausser dem praktischen auch noch einen eminenten kunsthistorischen wissenschaftlichen Werth etc. etc."

Guide de l'amateur
d'objets d'art et de curiosité

ou

Collection des monogrammes

des principaux sculpteurs en pierre, métal et bois, des ivoiriers,
des émailleurs, des armuriers, des orfèvres et des médailleurs du
moyen-âge et des époques de la renaissance et du rococo

par

Dr. J. G. Théodore Graesse,

Directeur du Gruene Gewölbe et directeur ad interim du Musée japonais à Dresde,
conseiller aulique etc.

Pour faire suite au *Guide de l'amateur de porcelaines et de poteries* du même auteur.

Deuxième édition revue et augmentée.

Reprint Publishing

FÜR MENSCHEN, DIE AUF ORIGINALE STEHEN.

Bei diesem Buch handelt es sich um einen Faksimile-Nachdruck der Originalausgabe. Unter einem Faksimile versteht man die mit einem Original in Größe und Ausführung genau übereinstimmende Nachbildung als fotografische oder gescannte Reproduktion.

Faksimile-Ausgaben eröffnen uns die Möglichkeit, in die Bibliothek der geschichtlichen, kulturellen und wissenschaftlichen Vergangenheit der Menschheit einzutreten und neu zu entdecken.

Die Bücher der Faksimile-Edition können Gebrauchsspuren, Anmerkungen, Marginalien und andere Randbemerkungen aufweisen sowie fehlerhafte Seiten, die im Originalband enthalten sind. Diese Spuren der Vergangenheit verweisen auf die historische Reise, die das Buch zurückgelegt hat.

ISBN 978-3-95940-164-7

www.ingramcontent.com/pod-product-compliance
Lightning Source LLC
Chambersburg PA
CBHW071959090426
42740CB00011B/2012